保育の計画と評価を学ぶ

保育の基盤の理解と実習への活用

編著 加藤敏子・岡田耕一
著者 菊地一晴・津留明子・冨永由佳・富山大士

萌文書林 Houbunshorin

はじめに

　2017年（平成29）に保育所保育指針が改定（施行は翌年4月）され、それにともない「保育の計画と評価」という新しい科目が2019年度から始まります。これまでの「保育課程論」から「保育の計画と評価」という名称に変わり、保育所の保育の計画や評価についてより充実した内容となり、深い学習が求められています。

　「保育の計画と評価」は、保育士養成課程の専門科目のなかで「保育の内容・方法に関する科目」のひとつとされています。したがって「保育の計画と評価」の目的は、保育所保育の内容・方法について理解を深めることにあります。端的にいえば「保育所保育を理解する科目」です。そして保育所保育の内容・方法を「保育の計画」という視点から理解することを目指します。

　本書には、次のような特色があります。第一に、「保育所の全体的な計画、指導計画」を主に取りあげていることです。多くのテキストは、保育所の全体的な計画および指導計画、幼稚園の教育課程および指導計画のどちらも取りあげています。しかしながら今日、保育所保育への多様なニーズを考えると、保育所保育の内容・方法について十分な学習をする必要があります。そこでこのテキストでは、保育所の全体的な計画、指導計画、さらに評価について詳しく説明しています。

　第二に、学生のみなさんにとって「わかりやすい全体的な計画、指導計画」の内容を目指したことです。本書では、保育士が保育所で作成し実践している全体的な計画をもとに、3歳児と1歳児の年間指導計画、月案、週案がどのように作成されているのかを系統立てて解説しています。現実の保育現場の計画を理解することができるでしょう。

　第三に、学生のみなさんにとって「役に立つ全体的な計画、指導計画」を目指したことです。全体的な計画や指導計画を学び、その学習成果を部分実習指導案や責任実習指導案の作成にも活用できるようなテキストをつくりました。そして指導案の作成と実践を通じて、「保育所の保育内容・方法」の理解をさらに深めることができます。

　なお、「保育の計画と評価」は、保育原理や教育原理を始めとして、多くの専門科目と関連性をもつ科目です。そこで、「保育の計画と評価」を学ぶ前に、基本的な専門知識の復習をしていただくために、「第1章　保育施設」「第2章　幼稚園教育と保育所保育」を設けています。以上のような特色をもつ本書の学習をすることで、「保育の全体的な計画と評価」が身近な科目となるでしょう。

　　2019年1月

　　　　　　　　　　　　　　　　　　　　　　　　　　　　編著者　岡田耕一

「保育の計画と評価」は、保育士養成課程の必修科目として平成31年度に「保育課程論」から名称が変わり設けられる科目です。

　近年、都市部では保育所への入所希望者が増加しています。そのため保育所が不足し、待機児童が増えて社会問題化しています。また、保育所における保育も長時間化しています。入所した乳幼児たちは、1日の生活のほとんどを保育所で過ごしています。したがって、子どもたちの保育を行う保育者から大きな影響を受けることになります。だからこそ、子ども一人一人の個性や個人差をきめ細かく配慮し、的確な援助が行える質の高い保育者が保育にあたってほしいと思います。

　そのためには、2～4年間という養成校での学習期間に、多くの教科を学び、保育に必要な知識・技術を十分に習得してください。保育所の保育内容は、総合活動を中心に展開されています。各保育所にはそれぞれ目標があり、各年齢ごとに全体的な計画を職員全員で立案し、それらを具体的に実践できるよう指導計画を立て、保育を実践していきます。保育所とは、どのようなところなのか、その概要をきちんと認識し、保育者の役割を深く理解しておく必要があるのです。本書では、全体的な計画と指導計画のつながり、そして保育実践がどのように計画されるのかを中心にまとめました。

　本書のもととなった「保育課程論」は、萌文書林の故服部雅生氏の勧めにより執筆にとりかかりました。しかし、残念なことに2012年8月に逝去され、完成した書籍をお見せできなかったことが心残りです。前社長は「保育の図書」の出版に生涯をかけられた方でした。前社長の思いは、現社長の服部直人氏のもとで、本書に引き継がれたのではないかと思います。

　新しい保育士養成課程の「保育の計画と評価」に準拠し、編集し直した本書の出版にきめ細かいご協力をいただいた萌文書林の赤荻泰輔氏に心より感謝いたします。

　保育を志す学生の多くのみなさんに、本書を利用していただけたら筆者として光栄です。「保育者になってよかった」と思う学生のみなさんが、たくさん育つことを祈念します。

　　2019年1月

編著者　加藤敏子

保育の計画と評価を学ぶ

もくじ

はじめに　2

第1章
保育施設

1. 保育環境の変化 …………………………………………… *12*
2. 保育施設の比較 …………………………………………… *14*
3. 保育所 ……………………………………………………… *17*
　　（1）保育所とは ……………………………………… 17
　　（2）保育所保育 ……………………………………… 18
　　（3）保育所の1日 …………………………………… 18
4. 幼稚園 ……………………………………………………… *21*
5. 認定こども園 ……………………………………………… *22*
6. 地域型保育事業（家庭的保育・小規模保育所）……… *23*
　　（1）家庭的保育・小規模保育所 …………………… 23
　　（2）地域型保育事業推進の背景と課題 …………… 24
7. その他の保育施設 ………………………………………… *25*
　　（1）認証保育所 ……………………………………… 25
　　（2）駅型保育施設 …………………………………… 25
　　（3）病後児保育 ……………………………………… 25
　　（4）ファミリーサポートセンター ………………… 26
　　（5）ベビーホテル …………………………………… 26
8. 保育所の行事 ……………………………………………… *26*
9. 保育の進め方 ……………………………………………… *27*
　　（1）クラスの編成 …………………………………… 28
　　（2）保育活動別の保育 ……………………………… 28

（3）保育の形態 …………………………………… 28
　　　（4）特色のある保育 ………………………………… 29

10. 子育て支援、家庭・地域・小学校との連携 …… 29

　　　（1）子育て支援 …………………………………… 29
　　　（2）家庭とは ……………………………………… 30
　　　（3）家庭との連携 ………………………………… 31
　　　（4）地域および小学校との関係 ………………… 31

11. 保育者の仕事 …………………………………… 32

●練習問題／33

第2章

幼稚園教育と保育所保育

1. 幼稚園の歴史 …………………………………… 34

　　　（1）明治期の幼稚園 ……………………………… 34
　　　（2）大正期の幼稚園 ……………………………… 35
　　　（3）昭和期の幼稚園　―戦前の幼稚園― …………… 35
　　　（4）昭和期・平成期の幼稚園　―戦後の幼稚園― … 36

2. 保育所の歴史 …………………………………… 36

　　　（1）明治期の保育所 ……………………………… 36
　　　（2）大正期の保育所 ……………………………… 37
　　　（3）昭和期の保育所　―戦前の保育所― …………… 38
　　　（4）昭和期の保育所　―戦後の保育所― …………… 39
　　　　①戦後の混乱のなかから●39
　　　　②ポストの数ほどの陰に●39
　　　　③婦人労働者の拡大●40
　　　（5）昭和期・平成期の保育所とこれから ……… 41

3. 幼稚園教育要領と保育所保育指針の変遷 …… 44

　　　（1）幼稚園教育要領 ……………………………… 44
　　　　①1956年（昭和31）の幼稚園教育要領公刊●44
　　　　②1964年（昭和39）の幼稚園教育要領改訂●44
　　　　③1989年（平成元）の幼稚園教育要領改訂●44
　　　　④1998年（平成10）の幼稚園教育要領改訂●45

⑤2008年（平成20）の幼稚園教育要領改訂　45
⑥2017年（平成29）の幼稚園教育要領改訂　45
（2）保育所保育指針 ……………………………………… 46
①1965年（昭和40）の保育所保育指針策定　46
②1990年（平成2）の保育所保育指針改訂　46
③2000年（平成12）の保育所保育指針改訂　46
④2008年（平成20）の保育所保育指針改定　47
⑤2017年（平成29）の保育所保育指針改定　47

4. 幼稚園教育と保育所保育の目的・目標・内容　*48*

5. 保育所と幼稚園の問題
　　―幼保一元化と一体化― ……………………………… *51*

●練習問題／52

第3章
保育の計画と評価の基本

1. 全体的な計画・教育課程と指導計画 ……………… *54*
　（1）保育所の全体的な計画と指導計画 …………………… 54
　（2）幼稚園の教育課程と指導計画 ………………………… 54
　（3）全体的な計画・教育課程は
　　　保育の目標を達成するためにある ……………………… 55
　（4）全体的な計画・教育課程は
　　　保育の全体的・基本的な計画 …………………………… 56

2.「全体的な計画」を学ぶことの意義 ……………… *57*
　（1）「全体的な計画」を学ぶことは
　　　保育所保育指針を学ぶこと ……………………………… 57
　（2）学生のみなさんにとって
　　　「全体的な計画」を学ぶことの意義 …………………… 63
　（3）全体的な計画に関連する各種計画・マニュアル ……… 63

3. 保育所における保育の計画と評価の意義 ………… *64*
　（1）保育の質の向上を目指して ……………………………… 64
　（2）保育の計画と評価 ……………………………………… 65
　（3）日々の評価・反省の大切さ ……………………………… 66

（4）実習生にとっての評価・反省とは ……………………… 67

4. 計画、実践、記録、省察、評価、改善の
　　過程の循環による保育の質の向上 ……………………………… ⓺⑧

　　（1）幼稚園教育におけるカリキュラム・マネジメント ……… 68
　　（2）循環的なPDCAによる保育の質の向上 …………………… 68
　　（3）PDCAによる保育の過程 ……………………………………… 69
　　　　①保育目標の実現のために計画を作成（Plan）●70
　　　　②計画にもとづく保育実践（Do）、
　　　　　記録による反省・評価（Check）、改善（Action）●70

●練習問題／71

第4章

子どもの発達過程と指導計画

1. 「発達」についての基本的理解 ………………………………… ⓻②

　　（1）子どもの発達を理解することの意義 ……………………… 72
　　（2）保育所保育指針における「発達」とは …………………… 73

2. 発達過程と保育 …………………………………………………… ⓻④

　　（1）発達過程の基本的理解と保育内容 ………………………… 74
　　　　①乳児の発達と保育●74
　　　　②1歳以上3歳未満児の発達と保育●74
　　　　③3歳以上児の発達と保育●75
　　（2）0歳から6歳までの発達過程 ……………………………… 75
　　（3）発達の過程表を実習で生かすために ……………………… 76
　　（4）一般的な発達過程と一人一人の子どもの発達の理解 …… 81
　　（5）発達を積みあげていく、
　　　　じっくりと発達を成し遂げていく ………………………… 83

3. 子どもの発達過程を保育に生かす ……………………………… ⓼③

　　（1）発達の過程にふさわしい保育のポイント ………………… 83
　　（2）保育所保育指針のねらいと発達過程を
　　　　保育の計画の作成に ………………………………………… 85
　　　　①発達過程と「養護」●85
　　　　②発達過程と「教育」●85

●練習問題／87

第5章

保育所における保育の計画

1. 保育所の全体的な計画 ……………………………………… 88

（1）全体的な計画の内容 ………………………………… 88
①保育の根幹となる項目について●89
②子どもの保育について●90
③保育所の役割に関する項目●94

2. 保育所の指導計画 …………………………………………… 96

（1）指導計画の種類 ……………………………………… 96
（2）年間指導計画 ………………………………………… 97
（3）月間指導計画の内容 ………………………………… 100
（4）異年齢児混合保育の月間指導計画 ………………… 101
（5）年間の食育計画について …………………………… 106
（6）個別の指導計画について …………………………… 106
（7）長時間の保育の指導計画について ………………… 114
（8）週日案について ……………………………………… 115

●練習問題／116

第6章

保育の計画の作成と展開

1. 全体的な計画の作成と展開 ………………………………… 119

2. 指導計画の実際の作成と展開 ……………………………… 123

（1）長期的指導計画の作成とその留意事項 …………… 123
①年間指導計画●123
②月間指導計画●125
（2）短期的指導計画の作成とその留意事項 …………… 126
（3）3歳児の指導計画 …………………………………… 126
①長期的指導計画（年間指導計画・月間指導計画）●126
②短期的指導計画（週案・日案）●126

（4）3歳未満児の指導計画 …………………………………… 127
　　　　　①保育所保育指針の改定の方向性●127
　　　　　②3歳未満の指導計画作成のポイント●137
　　　　　③1歳児の指導計画の例●138

　●練習問題／148

第7章
保育所における保育の評価

1. 保育の内容と実践についての記録・省察および評価 …………………… *149*

　　（1）保育の記録・省察および評価の意味 ………………… 149
　　　　①子ども理解を深める●150
　　　　②自らの保育を省察し、これからの保育を見直す●150
　　　　③ほかの保育者と保育を共有し、これからの保育を見直す●151
　　（2）保育所保育指針から見た記録の意味 ………………… 152
　　（3）保育記録の具体例 ……………………………………… 153
　　　　①保育日誌●153
　　　　②エピソード●153

2. 保育の計画の再作成 ………………………………………… *157*

3. 保育所児童保育要録のあり方について ………………… *159*

　　（1）保育の評価の一形態としての
　　　　保育所児童保育要録の概略 ………………………… 159
　　（2）保育要録の作成にあたって留意しておきたいこと …… 165
　　　　①保育所から小学校に向けて、子どもの育ちをつなげていく●165
　　　　②子どものもつ可能性が伝わるようにする●165
　　　　③保護者の想いを理解し、保護者にも内容を知らせる●165
　　（3）保育要録を記述する際に実際の作業として
　　　　工夫したい点 ………………………………………… 166
　　　　①日々の保育記録の積み重ねから保育要録をまとめる●166
　　（4）保育要録を最大限生かしていくために
　　　　工夫したいこと ……………………………………… 166

4. 保育者および保育所の評価 ………………………………… *166*

　　（1）保育者の自己評価の意味 ………………………………… 166

　　　　①子どもの理解を深めること●167
　　　　②自らの保育を省察すること●167
　　（2）保育所の自己評価の意味 ……………………………… 167
　　（3）保育所利用者・第三者による評価の意味 ……………… 168

●練習問題／169

第8章
実習につなげるために

1. 実習生が作成する指導案について …………………… 170

　　（1）子どもの実態を理解する ……………………… 171
　　（2）月案や週案との関係を知る …………………… 171
　　（3）ねらい・内容を考える ………………………… 171
　　（4）時間配分・環境構成を考える ………………… 171
　　（5）子どもの活動を予測する ……………………… 172
　　（6）援助や留意点を考える ………………………… 172

2. 幼児（3・4・5歳児）の指導案を
　 作成するうえでの留意事項 …………………………… 173

　　（1）3歳児の指導計画の例 ………………………… 173

3. 3歳未満児の指導案を
　 作成するうえでの留意事項 …………………………… 174

　　（1）1歳児の指導計画の例 ………………………… 175
　　　　資料　低年齢児に適した遊びの例●184
　　　　資料　0～6歳の遊びの一例●186

4. 異年齢児混合保育の指導案について ………………… 188

　　　　資料　デイリープログラム●188

●練習問題／189

索引 ……………………………………………………………… 193

ワークシート
（部分実習指導案／1日実習指導案）………………………… 巻末

●本書の表記について●

障　害：常用漢字外の"碍"の字を用いた「障碍」、仮名を交ぜ書きにした「障がい」という表記の仕方もあるが、本書では障害児（者）を支える法律の表記にならい「障害」とした。

保育士：本書の本文中、制度上、身分をあらわす場合には「保育士」という表記を用いるが、それ以外の箇所は「保育者」とした。

第1章 保育施設

学びの目標

①保育所の目標と役割を知る。
②幼稚園の目標と役割を知る。
③その他の保育施設を知る。

　近年、子どもを取り巻く社会環境は変化の一途をたどっている。子どもたちの親は共働きが多く、いずれかの保育施設を必要としている実態がある。また、正規雇用・非正規雇用・アルバイトなど、いろいろな雇用形態で働く人が増えた結果、その子どもの保育ニーズも多様化している。このような時代の背景を受けて、国・地方自治体は、保育の多様化・複雑化に対応できるように、さまざまな施策を講じている。

　本章では、まず保育環境の変化について確認し、あわせて保育施設について、それぞれの目標や役割について学んでいく。

1. 保育環境の変化

　近年、家庭構造は核家族化している（図表1）。また、合計特殊出生率も2005年（平成17）に最低の「1.26」を記録し、以降1.3～1.4人台の水準が続いている（図表2）。共働きの親が増加し、保育所への入所希望者が増え、待機児童は14ページの図表3が示す通りである。保育所入所は、国の経済状況に大きく影響している実態がある。また、小学校就学前の就学前教育・保育の実施状況を国が調査した資料がある。2013年度（平成

25）のデータだが、「幼児教育・幼小接続に関する現状について」（文部科学省教育課程特別部会、平成28年）によると、5歳児は全国で保育所入所率43.4％、幼稚園就園率55.1％という数値で、98.5％の子どもが保育を受けていることが明らかになった。

子どもたちは、どのような保育施設で保育を受けようと、等しく愛され、一人一人の成長発達が保障され、援助される必要がある。筆者は、同じ小学校に就学した際、優劣があってはならないと考えている。

子どもの育つ保育施設は、子どもたちの主体性を尊重し、伸びようとする可能性を伸ばし、「子ども（児童）の最善の利益を守る」保育を展開することが重要である。保育者は、このような子どもの権利があることを理解し、保育を展開してほしいものである。

図表1　世帯数と平均世帯人員の年次推移

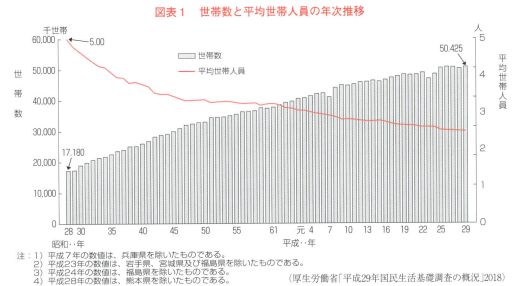

注：1）平成7年の数値は、兵庫県を除いたものである。
　　2）平成23年の数値は、岩手県、宮城県及び福島県を除いたものである。
　　3）平成24年の数値は、福島県を除いたものである。
　　4）平成28年の数値は、熊本県を除いたものである。

（厚生労働省「平成29年国民生活基礎調査の概況」2018）

図表2　出生数および合計特殊出生率の年次推移

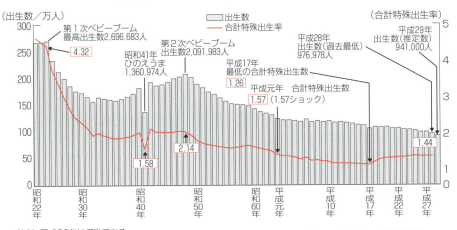

注1）平成29年は概数である。

（厚生労働省「人口動態統計」）

第1章　保育施設　13

図表3　待機児童の推移

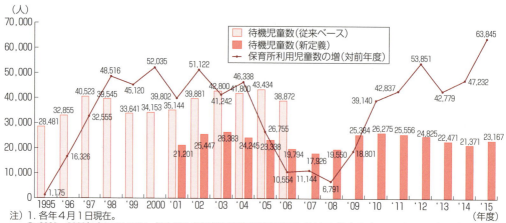

注）1. 各年4月1日現在。
2. 2001〜2006年度については，保育所入所待機児童の定義の変更をうけて，従来のベースのものと，新定義に基づく数値を2つ図示した。なお，新定義は，①他の入所可能な保育所があるにもかかわらず，特定の保育所を希望して待機している場合，②認可保育所へ入所希望していても，自治体の単独施策（いわゆる保育室等の認可外施設や保育ママ等）によって対応している場合は，待機児童数から除くとしている。2007年度以降は従来ベースの数値は公表されていない。

資料）厚生労働省雇用均等・児童家庭局保育課調べ。

(森上史朗監修『最新保育資料集2016』ミネルヴァ書房、2016、第Ⅱ部、p.37)

2. 保育施設の比較

　前述の通り幼児の98.5％（5歳児）が、いずれかの保育施設で就学時まで保育を受けている実態が明らかになった。ここでは保育所・幼稚園・認定こども園（幼保連携型）の目的・対象・保育内容などを12項目に分けて以下の図表に示した。

図表4　保育所・幼稚園・認定こども園の特徴

	保育所	幼稚園	認定こども園（幼保連携型）
1．根拠法令	児童福祉法第39条 ①　保育所は、保育を必要とする乳児・幼児を日々保護者の下から通わせて保育を行うことを目的とする施設（利用定員が20人以上であるものに限り、幼保連携型認定こども園を除く。）とする ②　保育所は、前項の規定にかかわらず、特に必要があるときは、保育を必要とするその他の児童を日々保護者の下から通わせて保育することができる	学校教育法第22条 幼稚園は、義務教育及びその後の教育の基礎を培うものとして、幼児を保育し、幼児の健やかな成長のために適当な環境を与えて、その心身の発達を助長することを目的とする	認定こども園法第2条 ⑦　この法律において「幼保連携型認定こども園」とは、義務教育及びその後の教育の基礎を培うものとしての満3歳以上の子どもに対する教育並びに保育を必要とする子どもに対する保育を一体的に行い、これらの子どもの健やかな成長が図られるよう適当な環境を与えて、その心身の発達を助長するとともに、保護者に対する子育ての支援を行うことを目的として、この法律の定めるところにより設置
2．所管	厚生労働省 ・市町村	文部科学省 ・国立幼稚園……文部科学省 ・公立幼稚園……教育委員会 ・私立幼稚園……都道府県	内閣府、文部科学省、厚生労働省 ・都道府県知事（教育委員会が一定の関与） ※大都市（指定都市・中核市）に権限を移譲

	保育所	幼稚園	認定こども園（幼保連携型）
3．対象	児童福祉法第4条、39条 ・保育を必要とする 　乳児（1歳未満） 　幼児（1歳から小学校就学の始期まで）	学校教育法第26条 ・満3歳から小学校就学の始期に達するまでの幼児	認定こども園法第2条 ① この法律において「子ども」とは、小学校就学の始期に達するまでの者をいう ・0歳から就学前のすべての乳幼児
4．設置者	児童福祉法第35条 地方公共団体、社会福祉法人など（宗教法人、学校法人、NPO、その他の法人企業などもある） 設置にあたっては知事の許可が必要である（ただし、設置者が都道府県の場合は、この限りではない）	学校教育法第2条 国、地方公共団体、学校法人など（社会福祉法人、宗教法人などもある） 学校教育法第4条 設置にあたっては、市町村立幼稚園の場合は都道府県教育委員会、私立幼稚園の場合は知事の許可が各々必要である	認定こども園法第12条 国、地方公共団体、学校法人及び社会福祉法人 （既存の附則6条園の設置者について、経過措置あり） ※幼稚園・保育所からの移行は任意。
5．設置・運営の基準	児童福祉法第45条 児童福祉施設の設備及び運営に関する基準（厚生労働省令）	学校教育法第3条 学校教育法施行規則第36～39条 幼稚園設置基準（文部科学省令）	認定こども園法第12条 幼保連携型認定こども園の設備及び運営に関する基準
6．入所（園）の条件・手続き	・市町村が政令に定める基準にしたがい、条例で定めるところにより、「保育を必要とする」と認めた児童につき入所を決定（市町村が家庭の状況を調査） ・保育を必要とする乳幼児をもつ保護者が、保育所を選択し、市町村に申し込む	・保護者が幼児教育を受けさせることを希望する場合（家庭の判断）	・利用希望者は直接申し込み、契約は施設と直接行う（1号子ども） ・保育を必要とする子どもについては、施設を経由して市町村が認定（2号・3号子ども）
7．入所（園）・退所（園）の時期	・保育を必要とする状況が発生したとき ・保育を必要とする状況が消滅したとき （年度途中、随時入退園）	・学年の始（4月）・学年の終（3月）が一般的 ・満3歳の誕生日から入園できる ・就園を希望する保護者と幼稚園設置者の契約による	・満3歳以上の子どもの保護者が幼児教育を受けさせることを希望する場合（家庭の判断）＝1号子ども ・保育を必要とする状況が発生したとき ・保育を必要とする状況が消滅したとき （年度途中、随時入退園）＝2号子ども（3歳以上）、3号子ども（3歳未満）
8．保育（教育）時間・日数	児童福祉施設の設備及び運営に関する基準第34条 ・原則として1日8時間、その地方における乳幼児の保護者の労働時間、その他家庭状況などを考慮して保育所長が定める ・延長保育、夜間保育も実施。春、夏休みはなし	学校教育法施行規則第37条 ・毎学年の教育週数は、特別の事情のある場合を除き、39週をくだってはならない 幼稚園教育要領 ・幼稚園の1日の教育時間は、4時間を標準とすること。ただし、幼児の心身の発達の程度や季節などに適切に配慮すること	幼保連携型認定こども園の設備及び運営に関する基準第9条 ・毎学年の教育週数は、特別の事情のある場合を除き、39週をくだってはならない ・1日の教育にかかる時間は、4時間を標準とすること ・保育を必要とする子どもは原則1日8時間、その地方における園児の保護者の労働時間、その他家庭状況などを考慮して園長が定める
9．保育内容の基準	児童福祉施設の設備及び運営に関する基準第35条 ・健康状態の観察、服装などの異常の有無についての検査、自由遊びおよび昼寝、健康診断（保育所保育指針に具体的な内容を明示） ・3歳以上は幼稚園教育要領と同じく5領域を設定、保育所保育の特徴として養護と教育の一体化に配慮 学級編成……とくに規定はない	学校教育法第25条 ・幼稚園の教育課程その他の保育内容に関する事項は、第22条および第23条の規定にしたがい文部科学大臣が定める 学校教育法施行規則第38条 ・幼稚園の教育課程その他の保育内容に関する事項は、この章に定めるほか、教育課程その他の保育内容の基準として文部科学大臣が別に公示する幼稚園教育要領によるものとする。すなわち、幼児の発達の側面から「健康」「人間関係」「環境」「言葉」「表現」の5領域が示されている	認定こども園法第10条 ① 幼保連携型認定こども園の教育課程その他の教育及び保育の内容に関する事項は、第2条第7項に規定する目的及び前条に規定する目標に従い、主務大臣が定める。 ② 主務大臣が前項の規定により幼保連携型認定こども園の教育課程その他の教育及び保育の内容に関する事項を定めるに当たっては、幼稚園教育要領及び児童福祉法第45条第2項の規定に基づき児童福祉施設に関して厚生労働省令で定める基準（同

	保育所	幼稚園	認定こども園（幼保連携型）
9. 保育内容の基準（続き）		幼稚園設置基準第4条 ・同一年齢の幼児で学級編成をすることを原則とする	項第3号に規定する保育所における保育の内容に係る部分に限る。）との整合性の確保並びに小学校（学校教育法第1条に規定する小学校をいう。）及び義務教育学校（学校教育法第1条に規定する義務教育学校をいう。）における教育との円滑な接続に配慮しなければならない。 ※幼保連携型認定こども園教育・保育要領
10. 資格	・指定保育士養成施設卒業 ・保育士試験（短期大学卒業程度で受験、8科目） 上記の保育士資格を有する者（児童福祉法第18条の6）が申請し、保育士登録⇒保育士登録証（児童福祉法第18条の18）	幼稚園教諭普通免許状 専修（大学院修了）、一種（大学卒）、二種（短期大学卒） ・専修免許……修士の学位を有することで、教科に関する科目6単位、教職に関する科目35単位、教科または教職に関する科目34単位以上習得 ・一種免許……学士の学位を有することで、教科に関する科目6単位、教職に関する科目35単位、教科または教職に関する科目10単位以上習得 ・二種免許……準学士の学位を有することで、教科に関する科目4単位、教職に関する科目27単位以上習得	保育教諭 保育士資格と幼稚園教諭普通免許状をもっていること
11. 資格・職種・配置基準	児童福祉施設の設備及び運営に関する基準第33条 ・保育士、嘱託医、調理員（※） 　0歳児　　　　　　3：1 　1・2歳児　　　　6：1 　3歳児　　　　　　20：1 　4歳以上の幼児　　30：1 ※調理員は委託することもできる	幼稚園設置基準第3条 ・園長、教頭、教諭、副園長、主幹教諭、指導教諭、養護教諭、栄養教諭、事務職員、養護助諭、助教諭、講師 1学級当たり幼児35人以下 幼稚園設置基準第5条 各学級専任の教諭1人以上	認定こども園法14条 ・園長、副園長または教頭、主幹保育教諭、指導保育教諭、保育教諭、助保育教諭、主幹養護教諭、養護教諭、養護助教諭、主幹栄養教諭、栄養教諭、講師、事務職員 幼保連携型認定こども園の設備及び運営に関する基準第5条 ・0歳児　　　　　　3：1 ・1・2歳児　　　　6：1 ・3歳児　　　　　　20：1 ・4歳以上の幼児　　30：1
12. 施設・設備の基準 (a) 備えなければならない施設・設備 (b) 備えるように努めなければならない施設・設備	(a) 乳児または満2歳未満の幼児を入所させる保育所では、乳児室またはほふく室、医務室、調理室、便所。満2歳以上の幼児を入所させる保育所では、保育室または遊戯室、屋外遊戯場、調理室、便所（児童福祉施設の設備及び運営に関する基準第32条） (b) 規定なし	(a) 職員室、保育室、遊戯室、保健室、便所、飲料水用設備、手洗用設備、足洗用設備（幼稚園設置基準第9条） (b) 放送聴取設備、映写設備、水遊び場、幼児清浄用設備、給食設備、図書館、会議室（幼稚園設置基準第11条）	(a) 職員室、乳児室またはほふく室、保育室、遊戯室、保健室、便所、飲料水用設備、手洗用設備、足洗用設備（幼保連携型認定こども園の設備及び運営に関する基準第7条） (b) 放送聴取設備、映写設備、水遊び場、幼児清浄用設備、給食設備、図書館、会議室（幼保連携型認定こども園の設備及び運営に関する基準第7条）

（森上史朗監修『最新保育資料集2016』ミネルヴァ書房、2016、第Ⅱ部、pp.45-47をもとに筆者作成）

3. 保育所

（1）保育所とは

　就学前の子どもを対象に通所で保育を行う児童福祉施設である。児童福祉法第39条に保育所は、次のように規定されている。「保育所は、保育を必要とする乳児・幼児を日々保護者の下から通わせて保育を行うことを目的とする施設（利用定員が20人以上であるものに限り、幼保連携型認定こども園を除く。）とする。②保育所は、前項の規定にかかわらず、特に必要があるときは、保育を必要とするその他の児童を日々保護者の下から通わせて保育することができる」。

　上記の条文からもわかるように、保育所は「保育を必要とする乳児・幼児」を保育する施設である。では、この保育を必要とする乳児・幼児とは、どのような子どもであろうか。子ども・子育て支援法施行規則の第1条に入所要件が定められている。以下、条文を要約したものを示す。

①労働することを常態とすること。
②妊娠中であるかまたは出産後間がないこと。
③疾病にかかり、もしくは負傷し、または精神もしくは身体に障害を有していること。
④同居の親族を常時介護または看護していること。
⑤震災、風水害、火災その他の災害の復旧に当たっていること。
⑥求職活動（起業の準備を含む）を継続的に行っていること。
⑦学校、専修学校、各種学校に在学している、もしくは職業能力開発施設等で職業訓練を受けていること。
⑧児童虐待を行っているまたは再び行われるおそれがあると認められること、もしくは配偶者からの暴力により保育を行うことが困難であると認められること。
⑨育児休業の間に当該特定教育・保育施設等を引き続き利用することが必要であると認められること。
⑩前に掲げるもののほか、市町村が認める事由に該当すること。

（2）保育所保育

　保育所保育は「保育所保育指針」をもとに、各保育所で保育目標をおき、職員全員で保育課程を立案する。それを各年齢別に具体的な指導計画を立案し、実践していくことになる。
　指導計画は、子どもの姿・実態を反映して立案　→　保育を実践（環境を構成）→　保育記録　→　評価・反省　→　次の計画へつなげていくものである。
　保育は、長時間化している保育所生活に変化をもたせる保育内容・環境構成が工夫されている。また、いろいろな年間行事を取り入れ、子どものよりよい成長発達を促すように心がける。
　毎月の楽しい誕生会、安全管理のための避難訓練、健康のバロメーターである身長・体重測定なども行われている（行事については26ページ参照）。

（3）保育所の1日

　保育所に入所した乳幼児は小学校に就学するまで保育を受けるため、長い子どもでは6年間を保育所で過ごすことになる。乳幼児期は、人としての成長発達の基礎を培う大切な時期にあたり、よりよい保育を受けてほしいものである。
　保育所の保育は、家庭と連携をとりながら、子ども一人一人の発達に配慮し、子どもたちが生き生きと充実した保育所生活を送れるよう援助を行うことが大切である。
　ここでは、保育所の1日の様子についてふれてみる。

①登　園：子どもたちが登園するまでに保育者は、保育室の整理・整頓、消毒、清掃などをすませて、心地よく過ごすことのできる安全な保育環境を整備する。遊具・玩具・教材などには心をくばり、日々変化をもたせるよう保育者間で連携を図るようにする。
　　　　　大好きな親に連れられて子どもは登園する。さ

保護者と別れるのが悲しくなってしまう子どももいる

やかにあいさつし、1日の保育所生活のスタートがスムーズに行えるように子どもを大切に受け入れる。親からの連絡事項を聞き取り、的確に視診をする。登園時の子どもの様子の変化は、連絡事項の摘要欄に記入し、担任に連絡する（健康への配慮は十分に行う）。

②朝の遊び：異年齢で遊ぶこともあるため、小さな子への安全配慮を心がける。年中・年長の子どもにリーダーシップをとってもらい室内遊びを展開する。遊びがマンネリ化しないように、教材や玩具などを工夫する。乳児は眠くなる子もいるので、様子をみて担任に伝えるようにする。

③クラスへの移動：8：30または9：00にクラスへ移動する。担任が迎えにきたときは、早番の保育者は手際よく連絡事項を伝える。

④おやつ：乳児は軽いおやつを食べる。幼児で朝食を抜いている子どもには、牛乳などを飲ませる配慮を忘れないように行う。

⑤午前の遊び：クラス別の保育、異年齢児混合保育（3・4・5歳児）、グループ別保育、自由保育、一斉保育などを指導計画にもとづいて展開していく。曜日によって保育内容は工夫したい。午前中は戸外での動的な遊びが展開されることが多い。散歩などを取り入れて、四季の移り変わりや社会事象の変化に気づき、子どもに多くの体験を与えるようにしたい。

⑥食　事：午前の遊びを終えたら、手洗い・うがい・トイレをすませる。汚れた衣服を取り換えたら、当番活動をしたり、テーブルを全員でふいたりして食事の準備を行う。友だちとの会話を楽しみながら、食事をつくってくれた調理師にあいさつなどして感謝する（これは、食事を残さず食べようという気持ちにもつながる大切なふれあいになる）。テーブルを囲んで、楽しくおいしく何でも

おままごと：水をそそぐまねをする

スプーンを使って給食を食べる

第1章　保育施設　19

食べられるように、保育者は子ども一人一人に配慮する。食べられる量や食事の時間のコントロールも忘れないようにする。また、食べ物をムダにしない、食べ物で遊ばないといった食事のマナーも年齢に応じて援助する。食後のあいさつも忘れないようにする。調理師に「ごちそうさまでした」「おいしかったよ」といえるようにしたい。食器などを洗いやすく片づける、落ちた物をていねいに拾う、歯磨きをていねいに行うようにする。

⑦午　睡：午睡時には、寝間着に着替えるようにする。着替えのとき、子どもの肌の異常、病気、けが、かみつきなどの早期発見にもつながる。東日本大震災以降、寝間着に着替えない保育所もある。しかし、子どもは寝汗をかくので、寝間着に着替えるほうが好ましいと考える。午睡時は、乳幼児ともに必ず保育者が仕事をせずに見守ることが重要である。乳幼児突然死症候群（SIDS）、突然の発熱など、子どもが寝ているときの変化にいち早く気づくことにつながる。室内の空調、温度、明るさなどにも配慮する。最近、年長児を昼寝させない保育所もあるが、筆者としては、保育時間が長時間化している子どもが、一定時間静寂のなかで横になって体を休めることで、イライラせずに思考できることにつながるのではと考えている。小学校へ就学後、授業時間は徐々に伸びていくので、保育所で午睡していても、学校で眠くなるということに直接の影響はないように思える。子どもの健康を第一に考えれば、午睡は必要である。2012年（平成24）暴風で建設現場の足場が崩れ、保育所の年長児が亡くなった悲しい事件も、12時40分と昼食後の本来であれば午睡の時間の出来事であった。

⑧めざめ：乳幼児で起きる時間に差がある。子どもは、徐々にさわやかにめざめさせる。パッと保育室を明るくしたり、「さぁー、起きてー！」ではなく、「気持ちがよかった？」「おやつを食べようね」と低年齢児ほど抱きしめるような気持ちでめざめの援助をする。排泄の失敗をした子どもには、手際よくまわりに気づかれないようにシャワーをすませて「大丈夫よ」と声をかけておきたい。着替えに時間のかかる子どもにも、さりげなく手伝いをするようにする。

⑨おやつ：近年、保育時間が長時間化しているため、おやつのメニューも変化している。やきそば、ホットケーキ、ホットドック、ドーナツ、お好み焼きなど、軽食と呼べるようなものが手づくりされていることが多い。昼食には足取りの重かった子どももおやつは、テーブルにつくのが早いほどである。

⑩午後の遊び：ぐっすりと午睡し、おやつを食べてホッとした子どもたちは、とても落ちついて遊びだす。気のあう仲間同士や異年齢で好きな遊びを繰り広げる様子もみられる。気温の高い午後（とくに夏場など）に戸外で遊ぶ場合には、

戸外で動物とふれあって遊ぶ子ども

こまめに水分を補給するようにし、木陰(こかげ)では蚊などの虫への対策も忘れないようにしたい。冬場は急に気温が下がるため、衣服のうえに防寒着を1枚着るなどの配慮をすることも大切である。

⑪ **降　園**：保護者が迎えに来た順に子どもは帰路につく。必ず親の手に子どもを一人一人渡すようにして、伝達事項を簡潔に、また的確に伝えるようにする。子どもが帰ることを拒んだり、施設を飛び出したりすることもあるため、降園時は事故が起きやすい状況もある。子どもと手をつないで、親の手に確実に渡したら時間をメモする。「また、明日まってるね」と声をかけ、子どもが「また保育所に行きたい」と思えるようにする。子どもを送り出すときは、当番の保育者は笑顔で送る。延長保育・夜間保育の子どもは、くつろいだ雰囲気のなかで個人の好きな遊びを保障して、パーテーションなどでコーナーをつくり、保育空間をホッとできるようなものにするため工夫したい。保育者間で連携し、年齢ごとに工夫する。

4. 幼稚園

　学校教育法第1条に定められた学校で、わが国における教育制度の最初の教育機関として位置づけられている。
　幼稚園という名称は、ドイツの教育学者**フレーベル**（Fröbel, F. 1782 - 1852）が創設した「キンダーガーデン（Kindergarden）」の日本語訳として、1876年（明治9）につくられた東京女子師範学校附属幼稚園（現在のお茶の水女子大学附属幼稚園）で用いられてか

ら使われている。

　満3歳から小学校に就学する前の幼児を対象とする学校で、教育基本法の第22条には、その目的が次のように規定されている。「幼稚園は、義務教育及びその後の教育の基礎を培うものとして、幼児を保育し、幼児の健やかな成長のために適当な環境を与えて、その心身の発達を助長することを目的とする」。

明治9年東京女子師範学校付属幼稚園の園舎（お茶の水女子大学附属幼稚園『時の標』フレーベル館、p.104）

　幼稚園の設置は、国・地方公共団体・学校法人・社会福祉法人などに認められているが、例外としてその他の法人や個人についても認可されている。

　保育内容は、その教育課程の基準として「**幼稚園教育要領**」が公示されている。1日の教育時間は4時間を標準として、年間39週を下回らない週数にわたる。基本的には、満3歳から就学前の3年保育である。

　近年では、子どもを取り巻く保育環境の変化から、預かり保育の充実、保護者への子育て支援を行うなど、地域に開かれた幼稚園を目指す取り組みが続けられている。

5. 認定こども園

　認定こども園は2006年（平成18）、幼稚園・保育所、双方の機能を備え、就学前の子どもに教育・保育を提供し、子育て支援を行う施設として発足した。認定こども園には、次のような4つの類型がある。

①**幼保連携型**：認可幼稚園と認可保育所とが連携して一体的な運営を行うことにより「認定こども園」としての機能をはたす。

②**幼稚園型**：認可幼稚園が保育に欠ける子どものための保育時間を確保するなど、保育所的機能を備えることにより「認定こども園」としての機能をはたす。

③**保育所型**：認可保育所が保育に欠ける以外の子どもを受け入れるなど、幼稚園的機能を備えることにより「認定こども園」としての機能をはたす。

④**地方裁量型**：幼稚園・保育所いずれの認可も有しないが、地域の教育・保育施設が「認定こども園」としての機能をはたす。

認定こども園は、就学前の子どもに関する教育、保育等の総合的な提供の推進に関する法律の第1条に、次のように規定されている。「この法律は、我が国における急速な少子化の進行並びに家庭及び地域を取り巻く環境の変化に伴い、小学校就学前の子どもの教育及び保育に対する需要が多様なものになっていることを鑑み、地域における創意工夫を生かしつつ、幼稚園及び保育所における小学校就学前の子どもに対する教育及び保育並びに保護者に対する子育て支援の総合的な提供を推進するための措置を講じ、もって地域において子どもが健やかに育成される環境の整備に資することを目的とする」。

　幼保連携型認定こども園の保育内容は、「**幼保連携型認定こども園教育・保育要領**」（2017年〔平成29〕告示）が達成されるよう教育と保育を提供することにある。

6. 地域型保育事業（家庭的保育・小規模保育所）

　地域型保育事業は、子ども・子育て支援新制度により児童福祉法上に位置づけられたもので、家庭的保育事業（家庭的保育）、小規模保育事業（小規模保育所）、事業所内保育事業（事業所内保育所）、居宅訪問型保育事業の4つの事業により構成されている。ここでは、なかでも近年普及が急速に進んでいる家庭的保育事業と小規模保育事業をとりあげて、どのような保育施設なのかを解説する。

（1）家庭的保育・小規模保育所

　「**家庭的保育事業**」は、保育者の居宅などで行われている小規模の保育である。0〜3歳未満児が対象で、3人以下の子どもを一人の「**家庭的保育者**」（「保育ママ」と呼称する自治体もある：保育士資格者もしくはそれに準じる自治体の基礎研修を受けた者）が保育するものであり、自治体などの研修を修了した「**家庭的保育補助者**」を雇用した場合、5人以下の子どもを保育できる。保育時間は、保育所と同様で原則1日8時間である。ただし、保護者の労働時間や家庭の状況などを考慮して延長保育も実施することができる。

　2010（平成22）年より、児童福祉法に保育事業として位置づけられ、認可保育所と連携しながら、地域の子どもたちを守り育てる役割を担ってきた。2014（平成26）年には「**子ども・子育て支援新制度**」にともなう新法律の制定や、関連法の改正が行われ、「家庭的保育事業等の設備及び運営に関する基準」も、その際に定められた。この政令のなかに「小規模保育事業」などとともに、設備や運営などの基準が定められている。こう

した動きにともない家庭的保育事業は、「地域型保育給付」の対象となり、小規模保育事業などとともに、地域型保育事業のひとつとして、地域密着型の小規模な保育を担うことになっている。

「小規模保育事業」は、「小規模保育所」といわれる保育施設を設けて行われる小規模の保育である。０〜３歳未満児が対象で、子どもの定員は６人以上19人以下で保育が行われる。保育士資格者の人数やその他職員の配置基準の違いなどで、Ａ型・Ｂ型・Ｃ型と３つのタイプに分かれる。保育時間は、保育所と同様で原則１日８時間である。ただし、保護者の労働時間や家庭の状況などを考慮して、延長保育を実施することができる。

（２）地域型保育事業推進の背景と課題

こうした動きの背景には大都市圏特有の事情がある。待機児童が増え続けているのは、おもにこうした大都市圏である。新たな認可保育所をつくるには、国の基準に合致した施設や広い土地が必要になるのだが、それに見合うような土地を見つけることが困難になってきている。また、仮に建設用地が見つかったとしても、近年マスコミで報道されているように、保育所の設置について近隣の住民の反対運動が起こるなど、保育所の設置が年々難しくなってきている事実がある。一方、人口減少しているような地域で保育ニーズがまったくないということではない。認可保育所の設置では、定員割れしてしまうようなケースもある。こうしたさまざまな問題を抱える地域の保育需要に応えるため、地域型保育事業が注目されている。

これら地域型保育事業のメリットとしては、少人数ということを生かしたアットホームな雰囲気のなかで、子ども一人一人にきめ細やかに対応できる点があげられる。しかし、こうした保育事業は、０〜３歳未満児を対象としているために、新たな問題も生じていると指摘されている。保護者が引き続き就労している場合には、子どもが３歳になるときに、改めて保育所を探す必要がある。子ども自身にとっても、保育者や友達との関係を新しい園でつくり直す必要がある。集団で生活することに慣れているといっても、３歳の子どもにとっては、とても大きな負担になるだろう。

さらに、転園を前提とした制度は、保育者の側にも新しい課題がある。本来ならば入園から小学校就学までを見通した子どもの保育が望ましいが、それができない。家庭的保育や小規模保育所（保育者）と、子どもが入園し直す保育所（保育者）との間で緊密な連携も必要になる。これらは、保育現場で働く保育者として、しっかりと認識しておく必要があるだろう。

7. その他の保育施設

（1）認証保育所

待機児童や多様化する保育ニーズに応えるために、東京都が2001年（平成13）から導入した制度である。

児童福祉施設ではなく認可外保育施設で、都独自の基準を設けて、認証保育所として都・区・市町が運営費を補助するものである。認証保育所には、A型とB型があり、それぞれ補助の内容が異なる。いずれも開所時間は、13時間以上を義務づけられている。利用者と認証保育所との直接契約によって入所が決定される。

認可外の保育施設の運営費に対し、行政が補助を行うという点で特徴的な制度である。

（2）駅型保育施設

駅ビルやその周辺の建物の一部を借りて設置される保育施設である。児童福祉施設ではなく認可外保育施設である。

1994年（平成6）より厚生省（現在の厚生労働省）がモデル事業として開始し、一部助成を行っている。保育環境は、玩具・教材なども検討され、有資格者（保育士）が保育にあたっていることもある。

事業実施主体は、社会福祉法人などである。利用者は駅またはその周辺に施設があるため利便性は高いが、騒音（雑音）、日当たりなど、環境の面でまだ改善されるべきものもある。

（3）病後児保育

子どもが風邪などの伝染性疾患にかかり、病気が治りかけのとき、保護者が長期間職場を休めないような場合に、子どもを預かって保育を行うシステムである。小児科医や看護師が常駐するなど、医療的な配慮がなされている場所で実施されるが、病後児保育については十分に行われているとはいえない実情がある。

（4）ファミリーサポートセンター

　保育所入所児の保護者の仕事の都合がつかないような場合、子どもの送り迎えや、保育所の開所時間からはみ出た時間の保育を援助する事業である。
　育児と就労の両立を図るため、1994年度（平成6）から労働省（現在の厚生労働省）の補助事業として実施されている。
　地域住民の協力によってサービスが展開されている。補助が行える人を会員として募り、ファミリーサポートセンター事業が実施されているが、その内容は地域によって異なっている。保育サービスが、地域の実情や需要に合致したものであってほしいが、会員の不足など、課題が残っている。

（5）ベビーホテル

　夜間におよぶ保育、または宿泊がともなう保育が実施される事業所内保育施設などは除いた認可外保育施設である。なかには時間単位（たとえば、1時間だけというように）で預かる施設もある。
　1960年代後半に、都市部を中心に急速に増えていった。その際、施設内での子どもの死亡事故があいつぎ、テレビなどの報道に大きくとりあげられた。1981年（昭和56）、厚生省児童家庭局長の通知によって、行政による指導やベビーホテルで働く保育者の研修が実施されるようになった。
　2001年（平成13）の児童福祉法の改正により、ベビーホテルを含む認可外保育施設に対する監督の強化がなされている。今後、こうした認可外保育施設での保育がどのように進められるのか、そのあり方が課題となっている。

8. 保育所の行事

　保育所では、1年間に多くの行事を計画している（図表5、6）。これをみていくと、実に多くの行事が取り入れられていることが理解できる。しかし筆者は、行事のための保育、人にみせるための行事であってはならないと考える。日々の保育の積み重ねたものを行事に合わせてみたい。子どもの成長につなげる発達の節のように、行事をとらえていきたいと考える。
　子どもは、認められる、共感してもらうことにより、達成感を味わえることにもなる。

大好きな家族が行事をみにきてくれることに期待をもち、それをバネにして、また次の成長発達へとつながるのであろう。行事は「若竹の節」のような存在でありたい。

「〇〇するために」と子どもがまったく興味を示していないことを強制することや、練習を重ねていくものではない。子どもが行事を楽しめるようにしたうえで、日本の伝統行事などをとり入れ、四季の移り変わりや伝統を感じる機会にしたいものである。

図表5　毎月行われる行事

誕生会	身長・体重測定	避難訓練〈地震・火事〉
園（所）だより発行	クラスだより発行	献立表発行

図表6　1年間の行事の例

月	行事	月	行事
4月	花まつり　　健康診断 入園（所）式 春の遠足 交通安全週間 昭和の日	10月	体育の日 運動会 秋まつり
5月	憲法記念日　　保護者会 みどりの日 こどもの日 母の日 小運動会	11月	文化の日 立冬 七五三 勤労感謝の日 個人面談
6月	衣替え 歯の衛生週間 歯科検診 父の日 夏至	12月	防火デー クリスマス もちつき 子ども会 天皇誕生日
7月	プール開き　　健康診断 七夕まつり お盆（旧盆） 海の日 夕涼み会	1月	お正月（元日） たこあげ 成人の日 保護者会 健康診断
8月	お盆 お泊り会 園舎の消毒	2月	節分（豆まき） 立春 建国記念の日
9月	防災の日 敬老の日 秋分の日 秋の遠足 十五夜（お月見）	3月	ひなまつり 就学祝いの会 生活発表会 春分の日

※地域や設置者の方針で異なることがある

9. 保育の進め方

　保育所における保育は、その保育所の保育目標や特性、地域性などを考慮し、保育者

が子どもにとって、もっとも生き生きとした、保育所生活が送れるよう編成を考えて進められている。

（1）クラスの編成

クラス編成の仕方は、次のようなものがある。

① **年齢別保育**：暦年齢（4月2日〜翌年4月1日生まれで、同時に小学校に就学する）構成によるもの。
② **異年齢児混合保育**：3・4・5歳児を各年齢別に5〜8名ぐらいを適宜に選び、複数担任制などで保育を展開していくもの（4・5歳児の異年齢児混合保育もみられる。また、これを「**縦割保育**」と呼ぶ場合もある）。
③ **グループ保育**：0・1・2歳児を受けもち人数の最低基準として定められている0歳3：1、1・2歳6：1（児童福祉施設の設備及び運営に関する基準）を守り、月齢差・個人差・発達差を考慮して年齢別に担任する。小グループ保育を進めるもの。

（2）保育活動別の保育

保育を活動別に分けると、次のようなものがある。

① **設定保育**：保育者が目標をもって何らかの保育を行うことをいう。対象となるのは、クラス全体の場合が多いが、数人の小グループや、異年齢クラスが合同になる場合もある。
② **コーナー保育**：保育室のなかに、ままごと、絵本、積み木など、遊びのスペースをつくり、子どもが自分自身で遊びを選べるようにする。視線をさえぎるようにコーナーをつくることで、遊びに集中することができる。

（3）保育の形態

日々の保育を進めるにあたり、いろいろな保育形態を取り入れ、保育を展開する。保育形態とは、保育の方法や内容とも関連する。保育のなかでの活動形態を保育形態と呼んでいる。

①**自由保育**：子どもが主体的に遊びをみつけ、その遊びを展開していく。
②**一斉保育**：同年齢、異年齢で構成された集団で、同じ保育内容の活動を一定時間行う。子どもの様子は捉えやすい。保育者が中心で進めるだけではないこともある。

①、②ともに、それぞれの保育の進め方（計画）により、メリット、デメリットがある。いずれの形態をとるにしても、保育所で長い時間をすごす子どもたちが、楽しく、興味・関心を示し、じっくりと遊びに取り組むことができ、よりよい成長発達ができるようにすることが好ましい。

（4）特色のある保育

特定の宗教にもとづいた保育や、特色ある教育方式などを用いた保育を展開する施設もある。具体的に、その一部を次のようにあげておく。

①**仏教保育**：仏教の考え方などを子どもの育ちの目標に取り入れた保育。
②**キリスト教保育**：キリスト教の考え方などを子どもの育ちの目標に取り入れた保育。
③**モンテッソーリ幼児教育**：イタリアの幼児教育者マリア・モンテッソーリ（Montessori, M. 1870 - 1952）によって考案された教育法を取り入れた保育。
④**シュタイナー幼児教育**：オーストリアの思想家ルドルフ・シュタイナー（Steiner, R. 1861 - 1925）が提唱した教育思想を取り入れた保育。
⑤**コダーイ保育**：ハンガリーの音楽家・教育学者コダーイ・ゾルダン（Zoltán, K. 1882 - 1967）の提唱した理念を取り入れた保育。

その他、○○式保育（○○には特定の人物名などが入る）と呼ばれるような独自の考え方を取り入れた保育が最近はみられる。

10. 子育て支援、家庭・地域・小学校との連携

（1）子育て支援

少子化の進行するなか、国・地方自治体などは、子育て支援を実施してきた。国では、「エンゼルプラン」「新エンゼルプラン」「健やか親子21」「次世代育成支援対策推進法」

「子ども・子育て支援法」など、多くの子育て支援の施策を講じている。それらが少子化の進行を食い止める施策となることを期待したいと考える。

　地方自治体でも、さまざまな子育て支援プランが実施されている。教育施設や福祉施設の「ふれあいフロア事業」、学校の空き教室を利用した「子育てひろば事業」「ファミリーサポートセンター事業」などが展開されている。これらは子育ての手助けとなるものである。

　保育所では、保護者への子育て支援を行うなかで、第2子・第3子を産んでもらえるよう、また保護者が安心して仕事が続けられるように、日々サポートをし続けなければならない。

　入所児だけでなく、地域全体にも目を向け、育児相談や施設の開放、日曜祝日の施設利用、交流保育を工夫し実施している。

　筆者が所属する大学では、2006年度（平成18）から子育て支援連携研究センター「にこにこキッズ」（現「おやこDE広場にこにこキッズ」）を開設している。地域の親子が集いホッとできる遊びの空間を提供している。そこで学生が体験学習やボランティアを実施している。また、近隣の中学校の職場体験学習の場としても利用されている。乳児とかかわる貴重な場（ひろば）となっている。

子育て支援の様子

子どもが遊べるコーナーも設ける

（2）家庭とは

　子どもにとって一番くつろぐことのできる、また情緒の安定が図れる場所である。今、家庭は、両親と子ども、一人親と子どもというような構成が増えて、小核家族化している。少子化の進行で、きょうだいの数も少なくなっている。保育所は、異年齢の子どもとかかわることのできる、すばらしい場所ともいえる。

　家庭は、情緒の安定のほか、人として大切なしつけを受け、基本的な生活習慣が身につく場所でもある。また、自分自身の人生をどう生きるか、親の背中をみて学習するこ

とにもなる。

　子どもは家庭で、温かく守られ、明日を生きる糧を得られる家庭環境が望ましい。

（3）家庭との連携

　保育を円滑に進めるためには、保育所と家庭が車の両輪のような関係でありたい。子どもの生活は、1日24時間スムーズに流れるよう配慮されなくてはならない。そのため保育所では、保護者との密接な連携を保てるよう多くの配慮が試みられている。

　日々の保護者との会話、連絡帳、月1回発行されるクラスだよりや保育所全体のたより、ホームページの開設や保護者会などが実施されている。

　保育所を利用している子どもの保護者は、多くの場合が共働きのため、保育参観や行事への参加が困難なことがある。年度のはじめなどにできるだけ早く連絡して、出席しやすいよう工夫する必要がある。

（4）地域および小学校との関係

　子どもは、地域のなかで育つのである。都市部では建物が密集しているため、保育施設の音も、人によっては騒音と受け取られてしまい思わぬトラブルとなる。そのため保育内容の実践方法を工夫し、外へ漏れでる音が最小限になるよう努めなければならない。とくに屋外で行う運動会の音楽などは注意したい。

　また、保育所の行事に近隣住民の方を招待するなどして、普段から子どもたちとの交流に努めることも大切である。2011年（平成23）の東日本大震災では、近隣住民の協力によって保育所や幼稚園の子どもたちが救われたというニュースを耳にした。このような非常事態においては、近隣住民の協力がなければ、保育者たちだけで子どもの命を守ることは困難であろう。日ごろから近隣住民とのつき合いが重要であることを示した例ともいえよう。

　小学校との関係はどうであろうか。現在は「保育所児童保育要録」を子どもが就学する小学校に送付することになっている（詳しくは第7章で解説する）。このほかにも、散歩を兼ね子どもを連れて小学校を見学する。小学校の運動会などに参加し、年長児と小学生の交流の機会をつくり、就学の不安を軽減し、逆に就学に期待をもてるよう援助していく必要がある。小学校の先生に保護者会などの話をしてもらえば、親・子で小学校を正しく理解できることにつながるだろう。

　発達障害がある子どもについては、小学校と直接話し合う場を設けて、その子どもがスムーズに就学できるように特別な配慮をしていく必要がある。

子どもがよりよく育つためには、地域の多くの機関と密接な連携をとらなければならない。子どもの保育環境がよりよいものになるよう保育所・幼稚園などの保育施設は、職員全員で日々努力を重ねる必要がある。

　保育のなかで子どもが変容していくと、親も変わってくれることがある。日々の保育のなかで小さな変化も見逃さず、よい関係が構築できるよう努めたい。

11. 保育者の仕事

　保育所における保育士の業務は、児童福祉法第18条の4に次のように規定されている。「この法律で、保育士とは、第18条の18第1項の登録を受け、保育士の名称を用いて、専門的知識及び技術をもつて、児童の保育及び児童の保護者に対する保育に関する指導を行うことを業とする者をいう」。

　また、児童福祉法第48条の3に規定されているように、保育所は乳幼児の保育相談に対応することが求められている。

　保育所は、子どもの発達を援助する「保育」活動が展開され、そこで過ごす子どもが生活する基本的な場でもある。家庭や保護者に対する助言なども、主要な業務ということになるのである。

　近年、保育士の高い専門性が求められるようになっている。保育ニーズの複雑で多様化する諸問題に取り組むためには、保育所保育指針の第7章で規定されているように、保育士の研鑽（けんさん）が重要である。

　ここには、保育者に望まれる基本的な資質をあげる。

　　・保育者は心・身体が、まず健康であること
　　・子どもの生命に対する配慮（命を守る）ができる
　　・子ども一人一人を大切にできる
　　・事故防止に絶え間なく努める
　　・子どもと楽しく遊ぶ
　　・明朗な性格、笑顔を絶やさない
　　・ユーモアをもっている
　　・四季の変化に敏感である
　　・子どもの親（保護者）とコミュニケーションがとれる
　　・職員間のコミュニケーションがとれる

・保育についての研鑽を常に心がける

・保育を行うことに対して幸福感を得ることができる

　本書を手にとったみなさんは、養成校などで保育の学習を重ねるなかで、自分自身の保育者像をつくりあげることになる。それは保育の現場に出て、少しずつ変化していく部分もあると思われる。

　子どもたちは、保育者を選ぶことはできない。その子どもが今、何を思い、何を援助してほしいのか、表面にあらわれていないもの、内面をも見抜く力をもった保育者に保育を託したいと考える。人間性豊かな人が保育にあたってほしいと願う。

練習問題

① 保育所を見学し、子どもとふれあってみよう。

② 幼稚園を見学し、子どもとふれあってみよう。

③ いろいろな保育施設を訪問し、1か所をレポートにまとめてみよう。

※ 参考文献

・加藤敏子編著『乳児保育―一人一人を大切に』萌文書林、2011

・厚生労働省『保育所保育指針―平成29年告示』フレーベル館、2017

・厚生労働省『保育所保育指針解説』フレーベル館、2018

・古橋和夫編著『子どもの教育の原理―保育の明日をひらくために』萌文書林、2011

・森上史朗、柏女霊峰編『保育用語辞典（第6版）』ミネルヴァ書房、2010

・文部科学省『幼稚園教育要領―平成29年告示』フレーベル館、2017

・文部科学省『幼稚園教育要領解説』フレーベル館、2018

・内閣府・文部科学省・厚生労働省『幼保連携型認定こども園教育・保育要領―平成29年告示』
　フレーベル館、2017

・内閣府・文部科学省・厚生労働省『幼保連携型認定こども園教育・保育要領解説』フレーベル
　館、2018

第2章 幼稚園教育と保育所保育

学びの目標

①幼稚園・保育所の歴史を知る。
②幼稚園教育要領を知る。
③保育所保育指針を知る。

　保育施設である幼稚園と保育所は、目的などの違いにより異なる部分がある。ここでは、まず幼稚園と保育所の歴史にふれ、幼稚園教育要領・保育所保育指針を確認することで、幼稚園教育と保育所保育について学んでいく。

　2006年（平成18）には、幼稚園・保育所双方の機能をもつ「認定こども園」が発足した。その後、幼稚園・保育所を一元化した「総合こども園（仮称）」への移行が議論されたこともある。ここでは、幼保一元化などの問題についてもふれていく。

1. 幼稚園の歴史

　幼稚園の歴史については、寺田が著書のなかで詳しくまとめている[1]*。ここでは一部を引用しながら解説する。

（1）明治期の幼稚園

　幼稚園は1876年（明治9）、東京女子師範学校（教員養成校、現在のお茶の水女子大学）

に附属幼稚園が開設されたのがはじめてといわれている。主任保姆は松野クララ、保姆は豊田芙雄と近藤浜であった。保育者の名称は「幼稚園教諭」ではなく、「保姆（保母）」である。保育内容は、物品科、美麗科、知識科の３教科で、具体的な内容として、フレーベルの恩物、計数、唱歌、説話で１日４時間の保育が行われた。通園していた園児たちは、上流階級の子どもが中心であり、一般の庶民からはかけ離れた存在であった。

その後、この幼稚園をモデルとして全国に幼稚園が増設されていった。幼稚園の数は1887年（明治20）に67園、1897年（明治30）には221園と少しずつ増えていった。

1899年（明治32）には、「幼稚園保育及設備規定」が制定され、これ以降は法的な根拠をもとに幼稚園が整備されることになった。保育時間は１日５時間以内とされた。園児数は100名以下で、特別な事情がある場合は150名までとされた。また、保育者一人あたりの園児数も規定され、保姆一人に対して40名以下とされた。保育内容は、遊嬉、唱歌、説話、手技とされ、恩物が手技の領域に位置づけられた。

1900年（明治33）の第３次小学校令の改正により、幼稚園保育及設備規定は小学校令施行規則のなかに組み込まれた。このころの国は、近代化のために小学校教育と高等教育に重点をおいていた。このため幼稚園は正規の学校体系に位置づけられなかった。

（２）大正期の幼稚園

1926年（大正15）、勅令によって「幼稚園令」が制定された。これによって幼稚園は、小学校とは別の独立した幼児教育施設とされた。この幼稚園令は、太平洋戦争後の1947年（昭和22）に学校教育法が制定されるまで、幼稚園の制度として存続している。

大正期の保育の例（律動遊戯）（日本保育学会編著『写真集 幼児保育百年の歩み』ぎょうせい、1981、p.98）

（３）昭和期の幼稚園　―戦前の幼稚園―

1931年（昭和６）の満州事変から日本は戦時体制へ突入していった。1937年（昭和12）の日中戦争開戦、1941年（昭和16）の太平洋戦争開戦と戦争は次第に拡大していった。その後、戦争の激化によって1943年（昭和18）、「教育ニ関スル戦時非常措置方策」、1944年（昭和19）には「決戦非常措置要領」などが閣議決定された。

このような戦争の影響から幼稚園でも、健全なる身体の育成、しつけ、物資不足に伴

う節約などの保育内容が重視された。

（4）昭和期・平成期の幼稚園　―戦後の幼稚園―

　1947年（昭和22）、「学校教育法」が制定された。その第1条では、「学校とは、小学校、中学校、高等学校…（中略）…及び幼稚園とする」と規定されている。これにより、幼稚園は正規の学校体系のなかに位置づけられた。また、この法律によって幼稚園は、文部省（現在の文部科学省）管轄のもとで運営されることになった。
　2006年（平成18）には「教育基本法」が改正され、そのなかに「家庭教育」「幼児期の教育」の条項が新設されている。
　翌2007年（平成19）には50年ぶりに「学校教育法」も改正された。従来の第1条で幼稚園は最後に位置づけられていたが、この改正で「学校とは、幼稚園、小学校、中学校、高等学校…（以下略）」となり、学校教育体系の最初に位置づけられた。
　また、改正された学校教育法第22条では、「幼稚園は、義務教育及びその後の教育の基礎を培うものとして、幼児を保育し、幼児の健やかな成長のために適当な環境を与えて、その心身の発達を助長することを目的とする」とされ、"義務教育及びその後の教育の基礎を培うものとして"という文言が加えられた。
　さらに学校教育法第27条9項において「教諭は、幼児の保育をつかさどる」と規定されている。同法第24条には「幼稚園においては…（中略）…幼児期の教育に関する各般の問題につき、保護者及び地域住民その他の関係者からの相談に応じ、必要な情報の提供及び助言を行うなど、家庭及び地域における幼児期の教育の支援に努めるものとする」とされ、幼稚園教諭には、こうした幼稚園の機能の実践も求められている。

2. 保育所の歴史

　保育所の歴史については、筆者が所属していたため、詳しくふれていきたい。

（1）明治期の保育所

　日本における保育所のルーツとされるのが、1890年（明治23）、赤沢鍾美・ナカ夫妻によって新潟静修学校の付属施設として開設された託児所である（これがのちに「守孤扶独幼稚児保護会」と改称され、現在も赤沢保育園として存続している）。守孤扶独幼稚児

保護会は、新潟静修学校に通う子どもたちの幼いきょうだいを預かることで、子守から解放され学習できるようにすることを目的としていた。

　1900年（明治33）、野口幽香、森島峰によって、私立二葉幼稚園（のちに二葉保育園と改称）が開設された（写真）。この園は、日中街なかで暮らし、悪い習慣を身につける子どもたちによい環境を与えて教育することを目的としていた。保育内容は、正しい言葉の使用、衛生・生活習慣などに重点がおかれていた。1909年（明治42）、石井十次によって、大阪市天王寺地区のスラム街地区に愛染橋保育所が開設された。

　また、明治期のわが国は、近代化の途を突き進む時代でもあった。都市部では母親の就労がはじまり、事業所内に託児所が設けられることになった。最初の事業所内託児所は、1894年（明治27）、大日本紡績が東京深川の自社の工場内に設けたものとされている。さらに、戦争を背景に整備された託児所もある。1904年（明治37）、日露戦争の出征兵士家族のため、母親が就労している間、子どもを預かる戦時託児所が急激に増設された。

　このように明治期の託児所は、篤志家や女性を労働力として求める企業によって独自に整備されていったのだが、その数はわずかなものだった。

私立二葉幼稚園（児童問題史研究会監修『私立二葉幼稚園報告書』日本図書センター、p.383）

（2）大正期の保育所

　第一次世界大戦後、世界的に子どもを尊重する「児童中心」を掲げる新教育運動が起こった。この動きは、わが国でも例外ではなかった。同時に資本主義化も進み、女性労働者の数も増えた。このような時代背景のなかで、社会事業も盛んになり、都市部の工場で働く女性の子どもの保護が考えられるようになっていった。

　1918年（大正7）東京府は、女工30人以上雇用する工場主に対して、乳幼児の昼間保育所を設立するよう働きかけ、工場内託児所が生まれた。しかし、この施設は子ども本位のものとはいえず、機械の騒音や空気の悪いなかでの保育であった。

　1919年（大正8）、わが国における最初の公立託児所が大阪市に開設され、ついで京都市、東京市というように次々と開設されていった。また、1920年（大正9）に内務省は社会局を設置し、そのなかで児童保護などに関する社会事業を扱うことになり、託児所もそこに含まれることとなった。

　東京市に開設された施設は、1921年（大正10）に制定施行された「東京市託児保育規

定」によって運営されていた。この年には江東橋（現在の墨田区）に、翌年には富川町（現在の江東区）に託児所が開設された。これが東京における最初の公立託児所である。しかし、これらの施設は1923年（大正12）の関東大震災によって焼失した。

　この東京市の規定で注目するところは、教育の項目である。すでに幼児は幼稚園の課程に準じて訓育を行うとされていた。このことから、養護と教育を一体的に行うとされている現在の保育所の原型といってもよいだろう。

　資本主義化の進んだ大正期とはいえ、都市部はごくわずかで、わが国のほとんどがまだ農村部といってよい時期である。こうした地域では、農繁期だけ開所する簡易託児所が設けられていった。これは農業の繁忙期に母親の保育の手助けをするための施設である。たとえば、田植えの時期から稲刈りの時期の間の忙しい時期に設けられるものと考えてもよい。

（3）昭和期の保育所　―戦前の保育所―

　大正期から昭和初年にいたるわが国は、第一次大戦後の不況、関東大震災の被害、1929年（昭和4）の世界大恐慌により、国民生活は窮貧の一途をたどった。世界大恐慌は、絹糸相場の暴落をもたらしたほか、米価や野菜類の価格の暴落も招き、農村経済に大打撃を与えた。一方、幼稚園の歴史の項でも前述したが、この時期は満州事変から戦時体制へ突入していった時代と重なる。女性の工場労働者は増加し、労働運動も盛んになっていった。

　このような時代背景のなかで、1938年（昭和13）厚生省（現在の厚生労働省）が設置された。これまで託児所は内務省の管轄であったが、厚生省へ移されることになった。この時期、託児所設置の要望は大きくなり、計画的な整備が求められるようになっていった。

　1941年（昭和16）真珠湾攻撃によって太平洋戦争が始まる。戦争の激化とともに働き手の男性は、戦争や軍需工場へかりだされていった。食料をはじめ生活物資が乏しいなか、「ほしがりません、勝つまでは」のスローガンのもと、国民は窮乏生活をよぎなくされた。成人男性が出征したあとは、労働力は女性に依存することになり、多くの女性が軍需工場へかりだされていった。子どもたちは母親を軍需工場に奪われたのである。

　こうしたなか、乳幼児の安全を守る施設として託児所への期待が高まっていった。1943年（昭和18）に「戦時託児所使用条例」、翌年には「戦時託児所設置基準」が定められた。次第に悪化する戦局のなか、1944年（昭和19）、小学校3年生以上の学童疎開がはじまった。空襲におびえる子どもたちのために、東京都は農村部に「疎開保育所」を開設し、3歳以上の子どもの集団疎開保育もはじまった。就学前の乳幼児たちも戦火

を避けるため、疎開させられた時代なのである。

　1945年（昭和20）8月15日に終戦を迎えたが、集団疎開保育の子どもたちは、すぐには東京へ戻れず12月20日まで続いた。焼け残った東京の託児所は、戦争被災者の住居などになっていた。

（4）昭和期の保育所　―戦後の保育所―

①戦後の混乱のなかから

　第二次世界大戦後の1946年（昭和21）4月、まだ焼け野原が広がるなか、東京では「保育園」が再開された。名前の由来は、再開するにあたって従前の託児所ではなく、子どもの園であってほしいという願いから「保育園」の名称で落ちついたという。

　1947年（昭和22）に「児童福祉法」が制定され、1948年（昭和23）に施行された。これにより託児所が「保育所」の名称で統一され、「児童福祉施設」として法的に位置づけられた。制定当時の児童福祉法総則の第1条には、「すべて国民は、児童が心身ともに健やかに生まれ、且つ、育成されるよう努めなければならない」とあった。これはのちの児童憲章の理念の先がけとなるものである。

　1948年（昭和23）には、文部省が「保育要領」を刊行している。これは幼稚園保育の手引書であるだけではなく、保育所保育や家庭での子どもの育児についても扱う広範なものであった。しかしその後、厚生省は保育所について独自の「保育所運営要領」を1950年（昭和25）に発刊している。

　昭和30年代は、わが国の戦後の政治・経済の混乱期から抜け出し、安定化した時代であった。1956年（昭和31）には、経済企画庁が経済白書のなかで「もはや戦後ではない」と記述し、実質国民総生産（GNP）が戦前の水準を超えた。1960年（昭和35）に池田内閣が成立すると「国民所得倍増計画」が閣議決定され、高度成長のなかで大量の労働力が必要になった。労働力不足から女性が職場に進出し、また都市への人口集中などの要因から保育所の不足が発生している。

②ポストの数ほどの陰に

　昭和40年代は、日本の経済が高度成長を遂げた。その影響で女性の社会進出がさらに進んだ。家庭は核家族化が進展し、子どもの昼間保育を託す保育所を、もっとポストの数ほど設置してほしいと、多くの婦人運動が起きた。

　1967年（昭和42）4月、東京都知事に美濃部亮吉が就任した。美濃部都政では、福祉政策が積極的に推し進められた。保育所の新設が進められたほか、公立保育所での0歳児保育が具体化し、特例保育、完全給食、保育内容の充実、保母の配置などの充実が図

られた。

・特例保育

　保育時間を朝・夕1時間延長（特例時間）することをいう。保育時間は、朝7時30分、夕方6時まで延長された。1970年度（昭和45）に発足した特例保育は、その後に希望者が急増した。当初定員の10％とし、0歳児は除くとの条件でスタートした。しかし、都内のある保育所では、1978年（昭和53）になると特例保育が90％を超える状況になった。親の就労のほとんどが正規の勤務で、みな核家族、条件が似かよっているため、誰を特例にするか、というような線引きは不可能であった。

・職員配置基準の改善

　昭和40年代には、職員配置基準の改善も進められた。0歳児については、東京都の場合、1968年（昭和43）に4人につき保母1人とされたほか、0歳児施設には看護婦または保健婦1名が配置されることになった。翌1969年（昭和44）からは、0歳児3人につき保母1人とされた。また、前年から1歳児5人につき保母1人、なお2歳児は以前から6人につき保母1人、3歳児25人につき保母1人、4・5歳児30人につき保母1人とされていた。

・0歳児保育

　1968年（昭和43）5月、0歳児保育が都内5か所のモデル園でスタートされた。私立保育所では、すでに一部実施されていたが、公立保育所はこれがスタートである。

③婦人労働者の拡大

　昭和50年代は、19年間続いた高度成長が終わり、経済的な混乱と景気の沈滞が色濃く支配した時代である。高度成長期から始まった女性の社会進出が進み、働く職場も拡大が進んだ。また、出産後も働き続ける女性が増加の一途をたどった。

　一方、女性の就労、その継続に必要な環境整備には立ち遅れがみられた。乳児保育や特例保育は始まってはいたものの十分とはいえない状況だった。そのようななかベビーホテルや無許可の保育施設に子どもを預ける親が増え、それらの施設での痛ましい死亡事故が起き、大きな社会問題となった。「育児産業」という言葉が聞かれだしたのもこのころからである。

・保母の育児休業

　1976年（昭和51）4月に「育児休業法（義務教育諸学校の女子教員及び医療施設、社会

福祉施設の看護婦、保母の育児休業に関する法律)」が施行された。子どもが満1歳になるまで育児に専念するために休業できるもので、無給であった。

・男性保育者の誕生

　当時の児童福祉法施行令第13条第1項には、「児童の保育に従事する女子を保母といい」とあり、男性は除外されていた。1977年（昭和52）の改正で附則第22条が設けられ、第13条第1項の規定は、児童の保育に従事する男子についても準用されることになった。

（5）昭和期・平成期の保育所とこれから

　1986年（昭和61）11月以降、日本は景気の飛躍的な拡大期に入る。いわゆるバブル景気である（景気拡大は1991年2月まで続いた）。しかし、子どもや家庭を取り巻く環境も、さまざまな問題が顕在化した時期でもある。

　とくに出生率の極端な低下があげられるだろう。戦後の出生率は、1949年（昭和24）と1973年（昭和48）の2つのベビーブームを経て低下を続けていた。これを全国の合計特殊出生率（一人の女性が生涯に産む子どもの数）でみると、昭和22〜24年にかけては、4.0人を超えていたが、第二次ベビーブーム（昭和48年）の2.14人を経て、1989年（平成元）には、それまでの最低を記録した1966年（昭和41〈ひのえうま〉）の1.58人を下回る「1.57人」を記録した。これが「1.57ショック」と呼ばれる。

　これを受けて国や地方自治体は、さまざまな子育て支援策を打ちだしているものの劇的な成果をあげているとまではいえない状況が続いている。

・保母から「保育士」へ

　1999年（平成11）4月より、児童福祉施設において児童の保育に従事する者の名称が保母から「保育士」に改められた。児童福祉法制定以来、50年に渡り使い続けられてきた保母の名称が変更された。3年後の2002年（平成14）には、保健師、看護師、助産師と「婦」がついていた職種も解消されている。

・保育所の第三者評価

　1998年（平成10）ごろから多くの地方自治体で、認可保育所の運営を社会福祉法人などへ委託（公設民営化）することが進んでいった。こうした民間型の保育サービスの参入がきっかけとなり、保育の質の確保と、保育に関する情報を利用者に公開するため、2001年（平成13）第三者評価の取り組みは広がっていった。

図表1　幼稚園・保育所の歴史年表

年	月	事項
1876年（明治9）	11	東京女子師範学校附属幼稚園が開設される
1878年（明治11）	6	幼稚園保姆練習科（修業年限1年）が、東京女子師範学校に設置される
1890年（明治23）	6	赤沢鍾美・ナカ夫妻が家塾新潟静修学校にわが国ではじめてとなる託児所施設を併設する（1908年〈明治41〉守孤扶独幼児保護会と命名される）
1899年（明治32）	6	文部省（当時）が「幼稚園保育及設備規定」を制定する（園児の年齢、保育時間、保姆1人に対する幼児の数、保育の要旨、項目、設備などの規定がみられる）
1900年（明治33）	1	野口幽香、森島峰らが東京麹町に貧困層のために二葉幼稚園を開設する（1915年〈大正4〉二葉保育園と改称される）
	8	文部省が「小学校令施行規則」を制定（この規則のなかに「幼稚園及小学校ニ類スル各種学校」の1章が設けられ、幼稚園の各種規定がみられる）
1904年（明治37）	2	日露戦争勃発（出征軍人家族のための幼児保育所が各地にできる）
1917年（大正6）	5	倉橋惣三が東京女子高等師範学校教授に昇任する。また、附属幼稚園主事となる。
1921年（大正10）	6	「東京市託児保育規程」が制定施行される（規定には、「幼児は一般幼稚園の課程に準じて之を訓育する」という記述がみられる）
1926年（大正15）	4	「幼稚園令」を公布。同時に「幼稚園令施行規則」が制定される（幼稚園令第1条　幼稚園ハ幼児ヲ保育シテソノ心身ヲ健全ニ発達セシメ善良ナル性情ヲ涵養シ家庭教育ヲ補フヲ以テ目的トス）
1936年（昭和11）	10	「保育問題研究会」が発足する。会長には城戸幡太郎が就任する
	12	倉橋惣三『育ての心』が発刊される（刀江書院）
1937年（昭和12）	10	城戸幡太郎編集の『保育問題研究』が創刊される
1943年（昭和18）	5	「戦時託児所使用条例」が定められる
1944年（昭和19）	4	東京都が「幼稚園閉鎖令」をだす
	5	「戦時託児所設置基準」が定められる
1945年（昭和20）	7	東京都が「疎開保育所」を設置する
	12	東京都立託児所が集団疎開を引き揚げて「野外保育」をはじめる
1947年（昭和22）	3	「教育基本法」および「学校教育法」公布（戦前から続く「幼稚園令」の廃止）
	12	「児童福祉法」公布
1948年（昭和23）	3	文部省が『保育要領―幼児保育の手引き―』を発行する
	12	厚生省（当時）が「保母養成規程」を決める
1949年（昭和24）	3	保母試験が開始される
1950年（昭和25）	9	厚生省が『保育所運営要領』を発行する
1951年（昭和26）	5	「児童憲章」が制定される
1952年（昭和27）	3	厚生省が『保育指針』を刊行する
1956年（昭和31）	2	文部省が『幼稚園教育要領』を刊行する
1963年（昭和38）	10	文部・厚生両省の局長通達で「幼稚園と保育所の関係について」がだされる
1965年（昭和40）	8	厚生省が『保育所保育指針』を刊行する
1969年（昭和44）	12	中央児童福祉審議会「保育所における乳児保育対策」を答申する
1971年（昭和46）	6	中央教育審議会「今後における学校教育の総合的な拡充整備のための基本的施策について」を答申する

年	月	事項
1974年（昭和49）	12	厚生省が「障害児保育事業要綱」を通達する
1977年（昭和52）	3	男性保育者が法的に認められるようになる
1981年（昭和56）	2	厚生省が「ベビーホテル一斉点検について」を通知する
	7	厚生省が「夜間保育の実施について」を通知する
1989年（平成元）	3	文部省が『幼稚園教育要領』を改訂告示する（6領域が「5領域」に改められる）
		合計特殊出生率「1.57ショック」
1990年（平成2）	3	厚生省が『保育所保育指針』を改訂通知する
1994年（平成6）	12	文部・厚生・労働・建設4省で「今後の子育て支援施策の基本的方向について」（エンゼルプラン）が策定される
1998年（平成10）	2	児童福祉施設において児童の保育に従事する者の名前を「保育士」と改める（平成11年4月施行）
	12	文部省が『幼稚園教育要領』を改訂告示する
1999年（平成11）	10	厚生省が『保育所保育指針』を改訂通知する
	12	少子化対策推進閣僚会議が「少子化対策推進基本方針」（新エンゼルプラン）を策定する
2000年（平成12）		「児童虐待の防止等に関する法律」（児童虐待防止法）が施行される
2001年（平成13）	11	「児童福祉法」一部改正（これにより保育士資格の法制化〈平成15年11月施行〉、認可外保育施設に対する規制の新設などが図られる）
2002年（平成14）	4	厚生労働省が「児童福祉施設における福祉サービスの第三者評価の指針について」を通知する
2003年（平成15）	7	「次世代育成支援対策推進法」制定
	7	「少子化社会対策基本法」制定
2004年（平成16）	12	少子化対策会議が「少子化社会対策大綱に基づく重点施策の具体的実施計画について」（子ども・子育て応援プラン）を策定する
2006年（平成18）	6	「就学前の子どもに関する教育、保育等の総合的な提供の推進に関する法律」制定
	10	認定こども園が発足する
	12	「教育基本法」全面改定
2007年（平成19）	6	「学校教育法」改正
2008年（平成20）	3	文部科学省が『幼稚園教育要領』を改訂告示する（2009年〈平成21〉4月施行）
	3	厚生労働省が『保育所保育指針』を改定告示する（告示化。2009年〈平成21〉4月施行）
2011年（平成23）	10	「児童福祉施設最低基準」が改正される。名称が「児童福祉施設の設備及び運営に関する基準」となる
2012年（平成24）	8	「子ども・子育て関連3法」制定
2014年（平成26）	4	内閣府・文部科学省・厚生労働省が『幼保連携型認定こども園教育・保育要領』を策定する（2015〈平成27〉施行）
2015年（平成27）	4	子ども・子育て支援新制度
2017年（平成29）	3	文部科学省『幼稚園教育要領』、厚生労働省『保育所保育指針』、内閣府・文部科学省・厚生労働省『幼保連携型認定こども園教育・保育要領』を改訂（定）告示する（2018〈平成30〉施行）

3. 幼稚園教育要領と保育所保育指針の変遷

　幼稚園における教育内容を規定している「幼稚園教育要領」、保育所における保育内容を規定している「保育所保育指針」の変遷について文部科学省[2]、厚生労働省[3]の資料をもとにふれていきたい。

（1）幼稚園教育要領

①1956年（昭和31）の幼稚園教育要領公刊

　1948年（昭和23）の「保育要領」が改訂されたものである。「保育要領」は、幼稚園だけでなく保育所や家庭における保育の手引書（試案）であった。
　改訂のポイントは、①幼稚園の教育課程の基準としての性格を踏まえた改善をした　②学校教育法に掲げる目的・目標にしたがって、教育内容を「望ましい経験」として示す　③「望ましい経験」を6つの「領域」に分類整理し、指導計画の作成を容易にするとともに、各領域に示す内容を総合的に経験させることとして小学校以上における教科との違いを明示した（6領域：健康、社会、言語、自然、音楽リズム、絵画製作）　④保育内容を領域によって系統的に示すことにより、小学校との一貫性について配慮する　⑤幼稚園教育における指導上の留意点を明示した、などである。

②1964年（昭和39）の幼稚園教育要領改訂

　この改訂によって幼稚園教育要領は、文部省（現在の文部科学省）の告示となり、法的な裏づけが与えられた。
　改訂のポイントは、①教育内容を精選し、幼稚園修了までに達成することが「望ましいねらい」として明示した　②6つの領域にとらわれない総合的な経験や活動によって「ねらい」が達成されるものであることを示し、幼稚園教育の基本的な考え方および教育課程の編成の方針を明確化する　③「指導および指導計画作成上の留意事項」を示し、幼稚園教育の独自性を一層明確化する、などである。

③1989年（平成元）の幼稚園教育要領改訂

　保育内容が従来の6領域が5領域に編成されるなど、このとき幼稚園教育要領は大幅に改訂された。
　改訂のポイントは、①「幼稚園教育は環境を通して行うものである」ことを「幼稚園

教育の基本」として明示した　②ねらいや内容を幼児の発達の側面からまとめて、5つの領域が編成された（5領域：健康、人間関係、環境、言葉、表現）　③幼稚園生活の全体を通してねらいが総合的に達成されるよう「ねらい」と「内容」の関係を明確化した　③年間教育日数を最低39週とするとともに、1日4時間を標準とする教育時間を地域の実情などに応じて弾力的に対応できるよう表記が改正された、などである。

④1998年（平成10）の幼稚園教育要領改訂

　これまでの幼稚園教育要領の考えは継承され、新たに「生きる力を育む」という観点から改訂されている。

　改訂のポイントは、①教師が計画的に環境を構成すべきことや活動の場面に応じて、さまざまな役割をはたすことを明示した　②教育課程を編成する際には、自我が芽生え、他者の存在を意識し、自己を抑制しようとする気持ちが生まれる幼児期の発達の特性を踏まえることを明示した　③各領域の「留意事項」について、その内容の重要性をふまえ、その名称を「内容の取扱い」に変更した　④指導計画作成上の留意事項に、小学校との連携、子育て支援活動、預かり保育について明示した、などである。

⑤2008年（平成20）の幼稚園教育要領改訂

　引き続き従来の考え方が継承され、項目の修正などが行われる。なお、前年に告示された内容は、翌2009年4月に施行された。

　改訂のポイントは、①発達や学びの連続性をふまえた幼稚園教育の充実　②幼稚園生活と家庭生活の連続性をふまえた幼児期の教育の充実　③子育ての支援と教育時間終了後の教育活動（預かり保育）の内容や意義を明確化した（預かり保育を幼稚園における教育活動として適切な活動となるようにする）、などである。

⑥2017年（平成29）の幼稚園教育要領改訂

　「幼稚園、小学校、中学校、高等学校及び特別支援学校の学習指導要領の改善及び必要な方策について」（中央教育審議会答申）が、2016年（平成28）12月にまとめられ、改訂の方向性が示された。

　改訂のポイントは、①幼児教育において育みたい資質・能力の整理、②幼稚園等におけるカリキュラム・マネジメントの確立、③資質・能力の育成に向けた教育内容の改善・充実、④幼児期の終わりまでに育ってほしい姿の明確化、⑤幼児期にふさわしい評価の在り方、⑥学びや指導の充実と教材の充実などである。

（2）保育所保育指針

①1965年（昭和40）の保育所保育指針策定

保育所保育の理念や保育内容、保育方法などを体系的に示すため、厚生省（現在の厚生労働省）によって策定された。また、保育所保育の質の向上のためのガイドラインも含まれている。

図表2　6領域と内容

領　域	内　容
①健康	保健、安全、運動
②社会	個人生活、社会生活、社会事象
③言語	きく、話す、童話、絵本、放送など
④自然	自然事象、数・量・形など
⑤音楽リズム	きく、歌う、奏する、歌や音楽を身体の動きで表現する
⑥絵画製作	絵をかく、物をつくる、形・色の理解、材料と用具の使い方

策定の背景には1963年（昭和38）の文部省・厚生省の両局長による共同通達の存在がある。このなかの「**保育所のもつ機能のうち、教育に関するものは幼稚園教育要領に準じることが望ましいこと**」をふまえて幼稚園教育要領との整合性をもたせる形で策定されている。わが国の行政は、よく縦割り行政であるといわれるが、横の連携をとったこの通達は画期的なものといえるだろう。

②1990年（平成2）の保育所保育指針改訂

核家族化や少子化の進行など、子どもを取り巻く環境の変化に対応するために改訂された。

改訂のポイントは、①保育所保育の特性である養護と教育の一体性を基調としつつ、養護的機能を明確化するため、全年齢を通じて入所児童の生命の保持、情緒の安定に関わる事項（基礎的事項）を記載した　②乳児保育の普及に対応するため、保育内容の年齢区分を細分化するとともに、障害児保育に関する記述を明記した　③保育内容について、幼稚園教育要領との整合性を図るため従来の6領域から5領域に改正、などである。

図表3　領域の変化

健康　自然
社会　音楽リズム
言語　絵画製作
　　➡
健康　言葉
人間関係
環境　表現

③2000年（平成12）の保育所保育指針改訂

多様化する保育ニーズに対する保育施策や保育所における子育て相談・指導の実施、児童の権利条約の批准などへの対応を目的に改訂された。

改訂のポイントは、①児童福祉法の改正に対応し、子育て相談など地域の子育て支援の役割を明記した　②体罰の禁止や乳幼児のプライバシーの確保など、保育士の保育姿勢（倫理観など）に関する事項を新たに明記した　③家庭、地域社会、専門機関との連携、協力関係の必要性を明確化した　④保育内容について「保育士の姿勢と関わりの視

点」の項目を新たに明記した　⑤乳幼児突然死症候群の予防や児童虐待などの対応についての記述を新たに明記した　⑥研修による保育士の人間性、専門性を高めることを明記した、などである。

④2008年（平成20）の保育所保育指針改定

　この改定によって保育所保育指針は、厚生労働省の告示となり、法的な裏づけが与えられた。なお、前年に告示された内容は、翌2009年4月に施行された。

　改定の背景には、①2006年（平成18）に保育所と幼稚園の機能を一体化した「認定こども園」制度が発足した　②改正された「教育基本法」に幼児期の教育の振興が盛り込まれ、教育の充実が課題になった　③仕事と生活との調和（ワーク・ライフ・バランス）の実現が求められ、共働き家庭を支える担い手として保育所への期待が高まったこと、などがあげられる。改定によって従来の章立てが変わり（13章から7章立てへ）、子育ての社会化の概念も加えられるなど大きく変化した。本書で学ぶ「**全体的な計画**（当時、保育課程）」も「第4章　保育の計画及び評価」に盛り込まれた。

⑤2017年（平成29）の保育所保育指針改定

　社会保障審議会児童部会保育専門委員会は、2016年（平成28）12月に「保育所保育指針の改定に関する議論のとりまとめ」を発表した。これまでの検討の議論がまとめられ、改定の方向性が示された。

　改定のポイントは、①乳児・1歳児以上3歳児未満時の保育に関する記載の充実（乳児の保育の内容の3視点と、1歳以上3歳未満児の保育の内容の5つの領域の記載）、②保育所保育における幼児教育の積極的な位置づけ、③子どもの育ちをめぐる環境の変化をふまえた健康および安全の記載の見直し、④保護者・家庭および地域と連携した子育て支援の必要性、⑤職員の資質・専門性の向上などである。

図表4　保育所保育指針と幼稚園教育要領の変遷と関連事項

年	幼稚園教育要領	保育所保育指針	その他の保育に関する事項
1947年（昭和22）			・教育基本法 ・学校教育法 ・児童福祉法
1948年（昭和23）			・保育要領 ・児童福祉施設最低基準
1951年（昭和26）			・児童憲章
1956年（昭和31）	幼稚園教育要領刊行		
1959年（昭和34）			・子どもの権利宣言
1964年（昭和39）	幼稚園教育要領改訂		・第1次幼稚園教育振興計画 　（昭和39年度〜45年度）
1965年（昭和40）		保育所保育指針刊行	
1972年（昭和47）			・第2次幼稚園教育振興計画 　（昭和47年度〜56年度）

1988年（昭和63）			・教育公務員特例法改正 ・教育職員免許法改正
1989年（平成元）	幼稚園教育要領改訂		・国連総会「子どもの権利条約」採択
1990年（平成2）		保育所保育指針改訂	
1991年（平成3）			・第3次幼稚園教育振興計画 　（平成3年度～12年度）
1992年（平成4）			・学校週5日制導入
1994年（平成6）			・日本「子どもの権利条約」批准 ・エンゼルプラン策定
1998年（平成10）	幼稚園教育要領改訂		
1999年（平成11）		保育所保育指針改訂	・新エンゼルプラン策定
2000年（平成12）			・児童虐待防止法
2001年（平成13）			・省庁改編により「文部科学省」「厚生労働省」となる ・待機児童ゼロ作戦 ・幼児教育振興プログラム 　（平成13年度～17年度）
2002年（平成14）			・完全学校週5日制実施
2004年（平成16）			・新エンゼルプラン策定
2005年（平成17）			・食育基本法
2006年（平成18）			・教育基本法改正 ・認定こども園発足
2007年（平成19）			・学校教育法改正 ・地方教育行政の組織および運営に関する法律改正 ・教育職員免許法改正 ・教育公務員特例法改正
2008年（平成20）	幼稚園教育要領改訂 2009（平成21）年4月施行	保育所保育指針改定 2009（平成21）年4月施行。この改定により告示化される。	・新待機児童ゼロ作戦
2012年（平成24）			・児童福祉施設の設備及び運営に関する基準（児童福祉施設最低基準名称変更）
2014年（平成26）			・幼保連携型認定こども園教育・保育要領を策定（告示）
2015年（平成27）			・子ども・子育て支援新制度
2017年（平成29）	幼稚園教育要領改訂 2018（平成30）年4月施行	保育所保育指針改定 2018（平成30）年4月施行	・幼保連携型認定こども園教育・保育要領改訂 2018（平成30）年4月施行

（古橋和夫編『子どもの教育の原理』萌文書林、2011. p.64-65より作成）

4. 幼稚園教育と保育所保育の目的・目標・内容

　全体的な計画や教育課程は、各保育所・幼稚園独自の保育目標・教育目標の実現のためにある。たとえば、ある保育所の保育目標は「生き生きと遊ぶ子ども。主体的に活動する子ども」である。この保育目標を実現するために、全体的な計画を編成するのである。しかしながら、全体的な計画の前提となるのは、保育所保育指針の内容である。保育所保育指針をもとにして、各園の保育目標が実現されるのである。

全体的な計画の編成のためには保育所保育指針、教育課程の編成のためには幼稚園教育要領の十分な理解が必要である。以下に幼稚園教育、保育所保育の目的・目標・内容の流れについて示す。

図表5　幼稚園教育の目的，目標，内容の流れ（幼稚園教育要領）

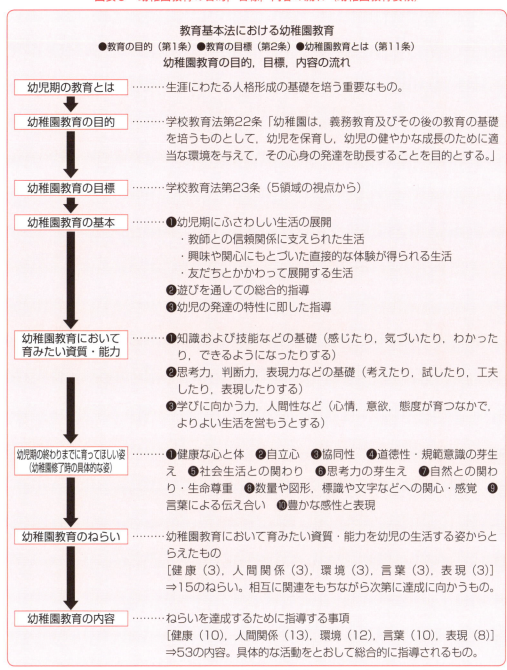

（古橋和夫編『改訂 子どもの教育の原理』萌文書林、2018. p.157）

図表6　保育所保育の目的，目標，内容の流れ（保育所保育指針）

保育所保育の目的，目標，内容の流れ

保育所保育の目的 ……… 保育を必要とする子どもの保育を行い，その健全な心身の発達を図ることを目的とする。

保育所保育の特性 ……… 保育所における環境を通して，養護および教育を一体的に行う。

保育所の役割 ………
- ❶入所する子どもの保育
- ❷入所する子どもの保護者に対する支援
- ❸地域の子育て家庭に対する支援

保育の目標 ………
子どもに対して
子どもが現在をもっともよく生き，望ましい未来をつくり出す力の基礎を培う
- ●養護（生命の保持および情緒の安定）
- ●教育（健康，人間関係，環境，言葉，表現）

保護者に対して
保護者の意向を受け止め，子どもと保護者の安定した関係に配慮し，援助にあたる

養護に関する基本的事項 ………
- ❶養護の理念⇒保育における養護とは，子どもの生命の保持および情緒の安定を図るために保育士等が行う援助やかかわりである。
  - ・養護および教育を一体的に行う。
  - ・養護に関するねらいおよび内容を踏まえた保育を展開する。
- ❷養護に関わるねらいおよび内容
  - ●ねらい・生命の保持（4）・情緒の安定（4）
  - ●内　容・生命の保持（4）・情緒の安定（4）

幼児教育を行う施設として共有すべき事項 ………
- ❶育みたい資質・能力⇒保育の目標をふまえ，資質・能力を一体的に育むように努める。
  - ●知識および技能の基礎　●思考力，判断力，表現力などの基礎　●学びに向かう力，人間性など⇒資質・能力は，ねらいおよび内容にもとづく保育活動全体によって育む。

幼児期の終わりまでに育ってほしい姿 ………
ねらいおよび内容にもとづく保育活動全体を通して資質・能力が育まれている子どもの小学校就学時の具体的な姿である。
- ●健康な心と体　●自立心　●協同性　●道徳性・規範意識の芽生え
- ●社会生活との関わり　●思考力の芽生え　●自然との関わり・生命尊重
- ●数量や図形，標識や文字などへの関心・感覚　●言葉による伝え合い
- ●豊かな感性と表現

保育の内容 ………
- ❶ねらい⇒保育の目標をより具体化したもの。保育を通して育みたい資質・能力を，子どもの生活する姿から捉えたもの。
- ❷内　容⇒ねらいを達成するために。
  - ・保育士等が適切に行う事項。
  - ・保育士等が援助して子どもが環境に関わって経験する事項。
- ❸乳児保育に関わるねらい及び内容（それぞれ3つのねらい，5つの内容）
  - ・身体的発達に関する視点「健やかに伸び伸びと育つ」
  - ・社会的発達に関する視点「身近な人と気持ちが通じ合う」
  - ・精神的発達に関する視点「身近なものと関わり感性が育つ」
- ❹1歳以上3歳未満児の保育に関するねらい及び内容
  - ○ねらい・健康（3）・人間関係（3）・環境（3）・言葉（3）・表現（3）
  - ○内　容・健康（7）・人間関係（6）・環境（6）・言葉（7）・表現（6）
- ❺3歳以上児の保育に関するねらい及び内容
  - ○ねらい・健康（3）・人間関係（3）・環境（3）・言葉（3）・表現（3）
  - ○内　容・健康（10）・人間関係（13）・環境（12）・言葉（10）・表現（8）

（古橋和夫編『改訂 子どもの教育の原理』萌文書林、2018. p.158）

5. 保育所と幼稚園の問題 ―幼保一元化と一体化―

　幼稚園は学校教育法、保育所は児童福祉法にもとづく、という保育の二元制度は現在も続いている。幼保一元化をめぐる問題についても、寺田の著書から一部引用しながら解説していく[1]**。

　幼保一元化については、1950年代後半から1960年代にかけて、幼稚園・保育所の各関係団体が中心になって議論が進められていた。1963年（昭和38）には、文部省・厚生省の両省の局長による共同通達「幼稚園と保育所の関係について」がだされている。

　また、1971年（昭和46）に中央教育審議会は、「今後における学校教育の総合的な拡充整備のための基本的施策について」を答申している。いわゆる「四六答申」といわれるものである。この答申では、初等中等教育改革の基本構想として、さまざまな提言が行われ、そのなかに幼稚園教育の積極的普及（幼児学校構想）も含まれていたが実施にはいたらなかった。

　1977年（昭和52）に文部省と厚生省が「幼稚園及び保育所に関する懇談会」を設置し審議、さらに1984年（昭和59）に臨時教育審議会が発足したが、いずれも幼保一元化は先送りとなった。

　1990年代になると社会や家族の変容によって保育ニーズが多様化し、幼稚園、保育所ともに変化を求められるようになる。1997年（平成9）に文部省と厚生省は共同で「幼稚園と保育所の在り方に関する検討会」を発足させ、翌1998年（平成10）には「幼稚園と保育所の施設の共用化等に関する指針」を共同通知した。これにより、幼稚園と保育所の合築や施設共有化についての指針が示された。

　こうしてできた施設共有化の流れ（幼保一元化ではなく「一体化」といわれるもの）は、2004年（平成16）に、中央教育審議会幼児教育部会と社会保障審議会児童部会の合同検討会議で「就学前の教育・保育を一体として捉えた一貫した総合施設について」がだされている。2006年（平成18）には「就学前の子どもに関する教育、保育等の総合的な提供の推進に関する法律」が制定され、「認定こども園」が発足している。

　最近の動きでは、2009年（平成21）の政権交代により発足した「子ども・子育て新システム検討会議」で検討された「子ども家庭省（仮称）」や「総合こども園（仮称）」構想があげられるだろう。しかしながら2012年（平成24）年の社会保障と税の一体改革の三党合意によって、これらは「認定こども園」の推進へと転換されている。こうした制度の変更については反発も強いので、今後も幼稚園・保育所・認定こども園をめぐる議論については注視が必要だろう。

本章は、幼稚園・保育所の歴史と「幼稚園教育要領」「保育所保育指針」についてふれてきた。筆者は、保育所で乳幼児をみる機会がある。近年は、長時間保育の子どもが増えている傾向にある。保育年数についても6年（産休明けから就学まで）におよぶような子どもも多い。このような保育所の特性を理解し、保育にたずさわる者は工夫をこらして、子どもにとって保育所がよりよい場であるように援助しなければならない。何よりも「子どもの最善の利益」を保障していく必要がある。

練習問題

1 保育所保育指針の各年次の改訂（改定）について比較してみよう。

①昭和40年と平成2年について表などにまとめ比較してみよう。

②平成2年と平成12年について表などにまとめ比較してみよう。

③平成12年と平成20年または平成20年と平成29年について表などにまとめ比較してみよう。

※引用文献

1) 古橋和夫編著『子どもの教育の原理――保育の明日をひらくために』萌文書林、2018、pp.57-67
2) 文部科学省「幼稚園教育要領改訂の経緯及び概要」（http://www.mext.go.jp/b_menu/shingi/chukyo/chukyo3/026/siryo/07072701/007.htm：2013年3月22日）
3) 厚生労働省「第1回「保育所保育指針」改定に関する検討会　資料」（http://www.wam.go.jp/wamappl/bb16GS70.nsf/0/3c40e01cf3bf41d34925723e000ba045/$FILE/shiryou20061206.pdf：2013年3月22日）

※参考文献

・加藤敏子著『保育改革と乳幼児保育者のあり方に関する研究――新潟県と東京都の実態を中心として――』聖徳大学大学院児童学研究科、2003
・加藤敏子編著『乳児保育――一人一人を大切に』萌文書林、2011
・厚生労働省『保育所保育指針――平成29年告示』フレーベル館、2017
・厚生労働省『保育所保育指針解説』フレーベル館、2018
・森上史朗、柏女霊峰編『保育用語辞典（第6版）』ミネルヴァ書房、2010
・文部科学省『幼稚園教育要領――平成29年告示』フレーベル館、2017
・文部科学省『幼稚園教育要領解説』フレーベル館、2018

保育の計画と評価の基本

学びの目標

①保育所保育指針と全体的な計画との関連性について説明できる(図表2と図表3を参照しながら)。
②PDCAによる保育の過程について説明できる(図表10を参照しながら)。
③全体的な計画、指導計画を学んだことが保育所実習・幼稚園実習の指導案作成に生かすことができる。

　保育所は0歳から、幼稚園は3歳からの子どもを受け入れ、長期間にわたる保育を行っている。子どもの心身の健やかな成長・発達をかなえるためには、綿密な保育の計画を立てる必要がある。そこで保育所には「全体的な計画」、幼稚園には「教育課程」という総合的・包括的な計画がある。そして、それをもとにして具体的な「指導計画」がある。
　本章では、保育所保育指針と全体的な計画との関連性にもとづいて、全体的な計画について学ぶ。そして学生のみなさんが全体的な計画を学ぶことの意義についても解説している。さらに保育の計画、実践、評価、改善という保育の過程について学ぶ。

1. 全体的な計画・教育課程と指導計画

（1）保育所の全体的な計画と指導計画

　保育所保育指針「第1章　総則　3保育の計画及び評価」では、保育の計画について、次のように書かれている。「保育所は、1の（2）に示した保育の目標を達成するために、各保育所の保育の方針や目標に基づき、子どもの発達過程を踏まえて、保育の内容が組織的・計画的に構成され、保育所の生活の全体を通して、総合的に展開されるよう、全体的な計画を作成しなければならない」。全体的な計画とは、ひと言でいえば、保育の目標を達成するための総合的・包括的な計画である。

　保育所では、0歳から5歳までの子どもが生活をしているが、子どもの家庭環境や生育歴、また保育時間や保育期間も一人一人異なっている。保育にかかわる職員も、保育士をはじめさまざまな職種、勤務体制で構成されている。このような状況を踏まえ、子どもの発育・発達の一貫性をもって見通し、発達過程に応じた保育を体系的に構成し、保育に取り組むことが重要である。全体的な計画はそのためにあるのである。

　全体的な計画は、0歳から5歳までの子どもの発達過程に応じた保育を体系的に構成した計画である。このような全体的な計画にもとづき、年齢ごとの具体的な指導計画が作成される。保育所保育指針では、指導計画について、次のように書かれている。「保育所は、全体的な計画に基づき、具体的な保育が適切に展開されるよう、子どもの生活や発達を見通した長期的な指導計画と、それに関連しながら、より具体的な子どもの日々の生活に即した短期的な指導計画を作成しなければならない」。具体的な指導計画を作成するためには、まず、長期的な展望に立った年間計画、期間計画、月間計画などの長期的な指導計画を作成することが必要である。そして長期的な展望と関連しながら、週案や日案などのより具体的な子どもの日々の生活に即した短期的な指導計画も作成しなければならない。

（2）幼稚園の教育課程と指導計画

　幼稚園教育要領の前文には、幼稚園教育要領とは「教育課程の基準を大綱的に定めるものである」と述べられている。また、幼稚園における教育水準を全国的に確保することが役割であるとされている。そして幼稚園教育要領「第1章　総則　第1　幼稚園教育の基本」の冒頭に、幼稚園教育は学校教育法第22条の教育目的、第23条の教育目標

を達成することにあると述べられている。そこで各幼稚園は、幼稚園教育要領に基づき、創意工夫を生かし、子どもの心身の発達と幼稚園および地域の実態に即応した適切な**教育課程**を編成するのである。

　幼稚園は学校教育法第1条に規程されている学校のひとつであり、したがって意図的な教育を目的としている学校である。幼稚園教育の基本に基づいて展開される幼児期にふさわしい生活を通して、幼稚園教育の目的や目標の達成に努めなければならない。したがって教育課程は、幼稚園教育の目標を達成するための計画である。また、教育課程は、幼稚園における教育期間の全体を見通した計画であり、幼稚園の教育目標に向かってどのような筋道をたどっていくかを明らかにした総合的・包括的な計画である。

　総合的・包括的な教育課程を実施するためには、子どもの生活する姿を考慮して、それぞれの発達の時期にふさわしい生活が展開されるように、**具体的な指導計画**を作成して適切な指導が行われるようにする必要がある。**指導計画は教育課程を具体化したものであり、具体化**する際には、一般に**長期的な見通しをもった年、学期、月などの長期的な計画**と、それと関連して**より具体的な子どもの生活に即した週、日などの短期的な計画**の両方を作成する必要がある。

（3）全体的な計画・教育課程は保育の目標を達成するためにある

　保育所保育指針や幼稚園教育要領（学校教育法第22条）には、保育（教育）の目標が書かれている。その目標を土台にして、**各保育所、各幼稚園には独自の保育（教育）目標がある**。独自の保育目標を達成するために保育所では全体的な計画を、幼稚園では教育課程を編成するのである。図表1は、保育所保育指針の目的、目標と保育所独自の目標との関連性を示したものである。

　たとえば、A保育所の3つの目標の「2.豊かな感性を持ち、思いやりのある子ども」について考えてみよう。「思いやりのある子ども」というのは、多くの保育所で掲げられている保育目標である。

　0～5歳の子どもが生活する保育所では、どのようにして「思いやりのある子ども」を育てたらよいだろうか。そのためには、まず5歳の子どもの理想的な「思いやり」とはどのようなものであるかを、きちんと捉えておく必要がある。そのうえで0歳からどのように「思いやり」の心を育てたらよいかを発達過程を踏まえて計画しなければならない。0歳から5歳までのそれぞれの年齢（発達過程）にふさわしい「思いやり」のあり方を全体的な計画や指導計画に取り入れていくのである。

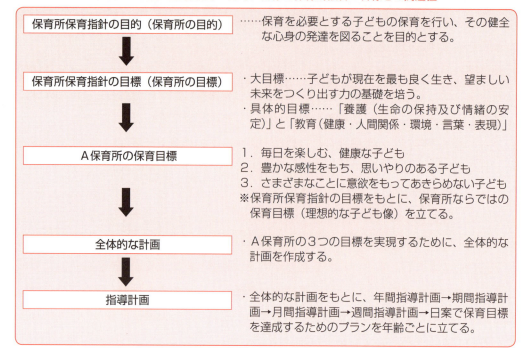

図表1　保育所保育指針の目的、目標と保育所独自の目標との関連性

（4）全体的な計画・教育課程は保育の包括的・基本的な計画

　全体的な計画は、保育所の０歳から５歳までの子どもの発達過程を踏まえた保育の計画であり、教育課程は幼稚園の３歳から５歳までの子どもの発達過程を踏まえた教育の計画である。したがって、**全体的な計画・教育課程は、包括的な計画ということができる**。

　全体的な計画や教育課程は、所長や園長の責任のもとに保育所・幼稚園の全職員が話し合いをして作成しなければならない。なぜならば、たとえば保育所の場合、０歳から５歳の発達過程について職員同士で確認をしあいながら、目標やねらいや内容をどのように全体的な計画に取り入れていくかを話し合う必要があるからである。

　職員全員で話し合いをして全体的な計画を作成することで、全員が保育所の**保育の見通し**をもてるようになる。たとえば、３歳児クラスを担当する保育者は、全体的な計画の２歳児の発達過程や保育内容を踏まえて３歳児にふさわしい指導計画を作成することができる。そして、作成した指導計画が、全体的な計画の４歳児の発達過程や保育内容につながっているかどうかを確認することができる。

　以上のように、全体的な計画にもとづいて、各年齢担当の保育者が自分のクラスの子どものための具体的な指導計画を作成することができるのである。全体的な計画にもと

づいて指導計画を作成することにより、子どもにふさわしい保育を実践することができる。このことは、幼稚園における教育課程と指導計画との関係においても同様である。**全体的な計画・教育課程は、指導計画を作成するための基本的な計画**であるといえる。

2. 「全体的な計画」を学ぶことの意義

(1)「全体的な計画」を学ぶことは保育所保育指針を学ぶこと

　保育者を目指す学生のみなさんにとっては、たとえば、月案や週案、日案などの指導計画を学ぶことは、実習で部分実習指導案や1日実習指導案を作成する際に役に立つと思うだろう。しかしながら、全体的な計画を学ぶことは、実習には直接にはつながらないと感じるのではないだろうか。そこで、全体的な計画を学ぶことの意義について考えてみよう。

　保育所保育指針では、保育指針とは「保育所における保育の内容に関する事項及びこれに関連する運営に関する事項」を定めたものと定義されている。**保育所保育指針は保**

図表2　保育所保育指針の目次を図式化

第1章　総則	1　保育所保育に関する基本原則（保育所の役割　保育の目標　保育所の社会的責任）	2　養護に関する基本的事項	
	3　保育の計画及び評価	4　幼児教育を行う施設として共有すべき事項	
第2章　保育の内容	1　乳児保育に関わるねらい及び内容	2　1歳以上3歳未満児の保育に関するねらい及び内容	
	3　3歳以上児の保育に関するねらい及び内容	4　保育の実施に関して留意すべき事項	
第3章　健康及び安全	1　子どもの健康支援	2　食育の推進	
	3　環境及び衛生管理並びに安全管理	4　災害への備え	
第4章　子育て支援	1　保育所における子育て支援に関する基本的事項	2　保育所を利用している保護者に対する子育て支援	
	3　地域の保護者に対する子育て支援		
第5章　職員の資質向上	1　職員の資質向上に関する基本的事項	2　施設長の責務	
	3　職員の研修等	4　研修の実施体制等	

育所の保育の内容と運営について書かれたものであるから、保育者は保育所保育指針の保育内容を保育に取り入れなければならない。そして全体的な計画は、保育所の保育内容を０歳から５歳までの発達過程をふまえて編成したものである。したがって、各保育所は、保育所保育指針にもとづいて全体的な計画を編成しなければならない。

　保育所保育指針の項目と全体的な計画の項目との関連について考えてみよう。図表２は保育所保育指針の目次を示したものである。また、図表３は、ある保育所の全体的な計画の書式である。保育所によって全体的な計画の書式は異なるが、どの全体的な計画にもほとんど同様な項目が掲載されている（なお、全体的な計画の具体的な編成の方法については本書の第６章で取りあげている）。

　図表３の全体的な計画では、項目ごとに必読しなければならない保育所保育指針の各章が示されている。これを見ると明らかなように、保育所保育指針のすべての章が保育

図表３　A保育園全体的な計画（書式）

❶保育理念	保育指針第1章にもとづき、各保育所で記入					
❶保育方針	保育指針第1章にもとづき、各保育所で記入					
❷保育目標	保育指針第1章にもとづき、各保育所で記入					
❸社会的責任　第1章		❸人権尊重　第1章		❸説明責任　第1章		❸情報保護　第1章
❹発達過程　第2章				❺地域の実態		
❻子どもの保育目標	保育指針第1章に基づき、各保育所で記入					
0歳児				3歳児		
1歳児				4歳児		
2歳児				5歳児		
❼保育の内容	保育指針第2章にもとづき、各保育所で記入					
年齢		0歳児	1歳児	2歳児	3歳児	4歳児	5歳児
養護	生命の保持						
	情緒の安定						
教育	健康						
	人間関係						
	環境						
	言葉						
	表現						
❽食育	食を営む力の基礎	保育指針第3章にもとづき各保育所で記入					
❾健康支援	保育指針第3章にもとづき、各保育所で記入					
❿環境・衛生管理	保育指針第3章にもとづき、各保育所で記入					
⓫安全対策・事故防止	保育指針第3章にもとづき、各保育所で記入					
⓬保護者、地域等への支援	保育指針第4章にもとづき、各保育所で記入					
⓭研修計画	保育指針第5章にもとづき、各保育所で記入					
⓮小学校との連携	保育指針第2章「小学校との連携」より					
⓯特色ある保育	保育指針第1章「趣旨」より					
⓰地域の行事への参加	保育指針第2章「家庭及び地域社会との連携」より					

❶〜⓰の解説は次ページ以降に掲載⇨

課程に盛り込まれていることがわかる。したがって、**全体的な計画は保育所保育指針をマッピングしたもの**といえる。

全体的な計画を編成するためには、保育所保育指針を十分に理解していなければならないのである。したがって、**全体的な計画を学ぶことは保育所保育指針を学ぶことである**といってよい。

保育所保育指針の内容が、全体的な計画にどのように組み入れられているかを調べてみよう。58ページの図表3の全体的な計画の書式をもとに説明する。

❶ **保育理念、保育方針**：保育理念とは、保育所が子ども、保護者、地域社会に果たそうとする使命である。すなわち、だれに何を提供し、どのような効果や影響を与えたいかということである。

また、保育方針は、何をどのように提供するかを明らかに示すことである。保育所は保育所の理念を明確にし、どのように実現するかという方針を立てなければならない。その際、**保育所保育指針「第1章　総則」**を十分に理解したうえで、保育所の保育理念、保育方針を立てることが必要である。

❷ **保育目標**：**保育所保育指針「第1章　総則　1保育所保育に関する基本原則」**には、保育所の大目標として「子どもが現在を最も良く生き、望ましい未来をつくり出す力の基礎を培う」ことが示されており、それをもとに「養護の目標（生命の保持及び情緒の安定）」と5つの「教育の目標（5領域の目標）」が示されている。保育所はこの目標を踏まえて、それぞれの保育所にふさわしい保育目標を立てるのである。

❸ **社会的責任、人権尊重、説明責任、情報保護**：今日、幼稚園よりも保育所に通う子どもの人数が増え、児童福祉施設としての保育所の社会的責任は非常に重いといえる。**保育所保育指針「第1章　総則　1保育所保育に関する基本原則　（5）保育所の社会的責任」**には、子どもの人権・人格を尊重すること、地域社会との交流を図ること、保育内容の適切な説明（説明責任）、個人情報を適切に取り扱うこと（個人情報保護、守秘義務）、保護者の苦情への解決（苦情対策）など、保育所が果たすべき社会的責任が示されている。これらの内容を保育課程に掲載するとともに、必要に応じて保育所職員に周知徹底するために、たとえば「子どもの人権の尊重」「説明責任と地域交流」「苦情への解決」というテーマでマニュアルを作成する必要もある。

❹ **発達過程**：保育者は子どもの発達過程にふさわしい保育を行い、保育をすることによって、さらに子どもの発達が助長される。**保育所保育指針「第2章　保育の内**

第3章　保育の計画と評価の基本

容」では、基本的事項として乳児、1歳以上3歳未満児、3歳以上児それぞれの発達の要点が記されている。保育者は第2章を理解したうえで、保育所の子どもの発達をとらえ、全体的な計画の作成に役立てる必要がある。

❺地域の実態：保育所保育指針「第1章　総則　1保育所保育に関する基本原則（1）保育所の役割」では、保育所は、家庭や地域のさまざまな社会的資源との連携を図りながら、入所する子どもの保護者に対する支援および地域の子育て家庭に対する支援を担うことが示されている。

さらに、保育所保育指針「第1章　3保育の計画及び評価」では、全体的な計画は、子どもや家庭の状況、地域の実態、保育時間などを考慮し、子どもの育ちに関する長期的見通しをもって適切に作成されなければならないと示されている。

❻子どもの保育目標：❷で示した、各保育所の保育目標を実現するために、子どもの発達過程を踏まえて、年齢ごとの保育目標を立てることが必要である。

❼保育の内容：全体的な計画の中心となる内容である。保育所保育指針「第1章　総則　2養護に関する基本原則」「第2章　保育の内容」には、「養護に関わるねらいと内容」「教育に関わるねらいと内容」が示されている。保育所の保育目標の実現のために、このねらいと内容をもとに、保育の内容を年齢ごとに作成するのである。

❽食　　育：保育所保育指針「第3章　健康及び安全　2食育の推進」には、「食を営む力」の育成のための留意点が示されている。それをもとに、保育所独自の食育の計画を立て、全体的な計画に掲載するのである。なお、さらに詳しく「食育の計画」を別紙に作成することが多い。

❾**健康支援**：保育所保育指針「第3章　健康及び安全　1子どもの健康支援」をもとに、保育所独自の健康支援の計画を掲載するのである。

❿**環境・衛生管理**：保育所保育指針「第3章　3環境及び衛生管理並びに安全管理」をもとに、保育所独自の環境・衛生管理の計画を掲載するのである。

⓫**安全対策・事故防止**：保育所保育指針「第3章　3環境及び衛生管理並びに安全管理」をもとに、安全対策・事故防止の計画を掲載するのである。

⓬**保護者、地域などへの支援**：保育所保育指針「第1章　総則　1保育所保育に関する基本原則」に示されているように、保育所の役割は、①入所する子どもの保育　②入所する子どもの保護者に対する支援　③地域の子育て家庭の支援である。

　それを受けて保育所保育指針「第4章　子育て支援」には、「1　保育所における子育て支援に関する基本事項」「2　保育所を利用している保護者に対する子育て支援」「3　地域の保護者等に対する子育て支援」が示されている。これらをもとに、保育所独自の保護者支援、地域への支援などを計画するのである。

⓭**研修計画**：保育所保育指針「第5章　職員の資質向上　1職員の資質向上に関する基本的事項」には、保育所の全職員が資質の向上を目指し、保育所全体の保育の質を高めるための留意事項が示されている。

　そして資質の向上のためには、職員の研修が必要である。「第5章　職員の資質向上　3職員の研修等」には、保育所職員が保育所内外の研修を受けることの必要性が示されている。これらを受けて、保育所ならではの所内研修や所外研修の計画を立てるのである。

⓮**小学校との連携**：保育所保育指針「第2章　保育の内容　4保育の実施に関して留意すべき事項　（2）小学校との連携」において、保育所と小学校との連携を図るために、就学に向けて、①保育所の子どもと小学校の児童との交流　②小学校教諭との意見交換や合同の研究の機会などを設けることの必要性について示されている。これをもとに、保育所は子どもたちが小学校への就学が円滑になされるようにするための計画を立てるのである。

　なお、すべての保育所入所児童について、保育所から修学先となる小学校へ、子どもの育ちを支える資料として「保育所児童保育要録」を送付することとなっている。保育所児童保育要録は、保育所での子どもの育ちを小学校での生活や学びへとつなげていくための重要な資料である（本書の第7章で保育所児童保育要録についての詳細な説明をしている）。

⓯**特色ある保育**：保育所保育指針「第1章　総則」の冒頭で、保育所保育指針の保育の内容は基本原則であり、各保育所がさらに実情に応じて保育内容とその運営に創意工夫をすることに努めなければならないと示されている。

特色ある保育というのは、ほかの保育所でやっていない保育をするということではない。保育所は、基本原則としての保育内容を実施しながらも、子どもや保護者のニーズを受け、保育所としてさらに大切にしたい保育内容があるはずである。それは普段の保育で実践することもあれば、行事として実践することもある。全職員が集まって特色ある保育について話し合い、保育課程に掲載するのである。

❶⓰地域の行事への参加：保育所保育指針「第2章　保育の内容　3保育の計画実施に関して留意すべき事項　（3）家庭及び地域社会との連携」において、家庭および地域と連携して保育を展開することの必要性について述べられている。地域との連携のための具体的な活動として行事をあげることができる。保育所の子どもたちが地域の行事に参加することで、子どもが豊かな生活体験をすることができるのである。

　以上のように、保育所保育指針と全体的な計画とのかかわりについてくわしく述べてきた。保育課程は、保育所保育指針のすべての章の内容をもとに、保育所の実情を踏まえて編成されるものである。したがって、保育所の全職員が保育所保育指針を理解していることが大切である。

（2）学生のみなさんにとって「全体的な計画」を学ぶことの意義

　全体的な計画を学習する学生のみなさんは、大学や学校などの授業で全体的な計画を作成することはないだろう。しかしながら、**なぜ全体的な計画を作成しなければならないのかという理由と、全体的な計画はどのように作成されるのかということはきちんと理解できなければならない**。なぜならば、全体的な計画は保育所保育指針にもとづいて作成されるものだからである。みなさんは、さまざまな授業で保育所保育指針の内容にふれることはあるが、**本格的に保育所保育指針の内容を勉強するのは、「保育の計画と評価」の授業を受けるときである**。

　また、みなさんが全体的な計画を理解しなければならない理由として、**全体的な計画にもとづいて、年齢ごとの指導計画が作成される**ということをあげることができる。全職員の話し合いのもとに編成された全体的な計画があるからこそ、各年齢の保育を担当する保育者はクラスの子どもたちのための的確な指導計画を作成することができるのである。

　たとえば、3歳の年間指導計画を作成する場合、0～2歳までの発達と保育の様子を全体的な計画で確認することができる。さらに作成した3歳児の指導計画の内容が、4歳児の全体的な計画につながっているかどうかを確認することができるのである。

　そして学生のみなさんは、実習で部分実習指導案や1日実習指導案を作成する際に、自分の作成する指導案が、週間指導計画（週案）や月間指導計画、さらには年間指導計画とつながりをもっていることを確認し、指導案を作成することの重要性を理解してほしい。

図表4　全体的な計画と実習との関連

全体的な計画　➡　指導計画　➡　部分実習指導計画　➡　1日実習指導計画

保育者は全体的な計画をもとに指導計画を作成する。　　実習生は月間指導計画や週間指導計画をもとに部分実習指導案や1日実習指導案を作成する。

（3）全体的な計画に関連する各種計画・マニュアル

　上記のように、保育所保育指針と全体的な計画との関連について、くわしく述べてきた。**全体的な計画は保育所保育指針をマッピングしたもの**といえる。そして全体的な計画をもとに指導案を作成する。さらに必要に応じて先にあげたように「食育の計画」や「苦情の解決」といったマニュアルも別に作成することもある。そこで、別に作成する計画やマニュアルを一覧表に示すと以下の通りである。

図表5　全体的な計画に必要な各種計画・マニュアル

- ・子どもの人権の尊重
- ・苦情処理
- ・避難訓練計画
- ・障害のある子どもの受入れ
- ・園内研修および園外研修
- ・説明責任と地域交流
- ・保健計画
- ・食育計画
- ・地域における子育て支援
- ・小学校との連携
- ・個人情報の保護
- ・交通安全計画
- ・保護者支援

なお、図表5の各種計画・マニュアルの一例として、「障害のある子どもの受入れ」についてのマニュアル（一部抜粋したもの）を図表6に掲げる。

図表6　障害のある子どもの受入れ

（1）基本的考え方：個性として障害をみんなで受け入れる
　ア）障害のある子どもの保育体制
　　障害児は一人一人障害の内容・程度が異なることから、保育者が個々の子どもの個性を把握し、長所を引き出すことによって、障害のある子どもたちが社会に適応していけるよう支援します。
　イ）統合保育と子どもたち・保護者の関係づくり
　　子どもたちが「障害はその人の個性であり、決して特別なことではない」ということを日々の活動を通じて学ぶことにより、障害児を自然に受け入れ、ともに生きていく社会の基盤ができていくことを考え、ノーマライゼーションの精神にもとづき、障害児と健常児が同じ仲間として育ち合う、統合保育を行います。
（2）障害児の指導計画
　　障害児と健常児の統合保育を行うため、障害児については一人一人個別の計画を立て、以下の取り組みを行います。
　ア）子どもを深くつかむ
　イ）生活の確立を大切にする
　ウ）集団の中で育ち合う関係を築く
　エ）親とともに歩み、支え合う関係を大切にする
　オ）障害児担当職員の配置……職員全体のチームワークと専門機関との連携を大切に

3. 保育所における保育の計画と評価の意義

（1）保育の質の向上を目指して

保育所保育指針では「保育の計画に基づく保育、保育の内容の評価及びこれに基づく

改善という一連の取組により、保育の質の向上が図られるよう、全職員が共通理解をもって取り組むことに留意すること」と示されている。保育の計画（全体的な計画・指導計画）にもとづいて保育をしたら、保育の内容についての評価をしなければならない。評価をすることによって、さらに保育の改善がなされていくのである。保育の計画から保育実践、そして保育の評価の過程をながめてみよう。

（2）保育の計画と評価

日々の保育がどのように行われているか、確認しよう。図表7から明らかなように、最初に保育所の全職員が集まって、0～5歳までの発達の姿を見通した全体的な計画を作成する。その全体的な計画をベースにして、各年齢の担当の保育者が年間計画、月案、週案を作成し、日々の保育が行われるのである。

図表7　保育の計画の流れについてのチェック

※全体的な計画から年間指導計画→月案→週案→日誌へとそれぞれがつながっている。
・保育所の職員全員で 全体的な計画 を編成する
　↓
・全体的な計画をベースに 年間計画 を作成する
　↓
・年間指導計画をベースに 月案 を作成する
　↓
・月案で立てた内容を、週案 で実現可能な具体性をもった計画内容として作成する
　↓
・日々の保育実践をする
　↓
・実施した保育内容を 日誌 に記入し、評価・反省をする
※全体的な計画―年間指導計画―月案―週案―日誌はいずれも整合性がとれているか。

図表7のように、保育の計画にもとづいて保育を行ったなら、評価・反省が必要になる。評価・反省のもとになるのは毎日の日誌（保育の記録）である。日誌を読むことでその週の評価・反省につなげることができる。

そして、各週の保育の評価・反省が積み重なって、その月の評価・反省につながる。さらに各月の評価・反省が積み重なって、その期の評価・反省となる。そして期ごとの評価・反省がすべて終了して、1年間の保育の評価・反省がなされるのである。1年間の評価・反省が、次年度の保育の計画に生かされるのである。

図表8　各計画の評価・反省をしよう

- ・ 日誌 を読んで検証し、 週の評価・反省 をしよう
  ↓
- ・各週の評価・反省を検証し、 月の評価・反省 をしよう
  ↓
- ・各月の評価・反省を期ごとに検証し、 期ごとの評価・反省 をしよう
  ↓
- ・期ごとの評価・反省がすべて終了し、 １年間 、保育所の保育がどのように行われたのかが明確になる

（3）日々の評価・反省の大切さ

　図表８から明らかなように、保育者は日々の保育の評価・反省をベースにしながら、日、週、月、期、さらに１年間の保育の評価・反省を継続して行うのである。そして**なにより大切なのは、日々の保育の評価・反省である。**

　保育所保育指針では「保育士等は、保育の計画や保育の記録を通して、自らの保育実践を振り返り、自己評価する」ことが示されている。保育者にとって毎日の日誌（保育の記録）を書くことが評価・反省となるのである。

　保育者にとって評価・反省が必要である理由について、倉橋惣三（1882～1955、わが国の幼児教育界の理論的指導者として、児童中心の進歩的な保育を提唱し、幼児教育界の発展に貢献した）は、以下のように述べている。

　子どもが帰った後、その日の保育が済んで、まずほっとするのはひと時。大切なのはそれからである。

　子どもといっしょにいる間は、自分のしていることを反省したり、考えたりする暇はない。子どもの中に入り込みきって、心に一寸の隙間も残らない。ただ一心不乱。

　子どもが帰った後で、朝からのいろいろのことが思いかえされる。われながら、はっと顔の赤くなることもある。しまったと急に冷汗の流れ出ることもある。ああ済まないことをしたと、その子の顔が見えてくることもある。――一体保育は……。一体私は……。とまで思い込まれることも屢々(しばしば)である。

　大切なのは此の時である。此の反省を重ねている人だけが、真の保育者になれる。翌日は一歩進んだ保育者として、再び子どもの方へ入り込んでいけるから。

（倉橋惣三「育ての心」より[1]）　※ルビは筆者

言うまでもなく、保育者は一人一人の子どもの言動を捉えながら保育をしている。しかしながら、実際に子どもと一緒にいるときは、自分の保育を考える余裕はないだろう。そして子どもが帰ったあとで、その日の保育を振り返ることができる。その振り返りのなかには、満足できる点もあれば、反省すべき点もある。さまざまな反省を日々繰り返していくことが保育の質を高めていくことにつながるのである。
　さらに、この反省を記録に残すことで、自分の保育を明確に意識化し、的確な評価となるのである。

（4）実習生にとっての評価・反省とは……部分実習を例に

　保育所や幼稚園では、一般に実習生は第1週には観察実習・参加実習を行い、保育所や幼稚園の生活を理解し、子どもたちとも慣れ親しんだところで、第2週に部分実習を行い、最終的には1日実習（責任実習）を経験する。ここでは、部分実習の評価・反省について考えてみよう。
　部分実習の内容は、絵本の読み聞かせ、紙芝居、手遊びなどからはじまり、次第にパネルシアターや製作、昼食や昼寝の指導など、時間も長く内容も複雑なものになっていくようである。
　たとえば、保育者から突然に「絵本を読んで」といわれて行うような保育活動は別にして、どんなに短い時間の部分実習であっても、そのための指導案（指導計画）を立てて、保育者から指導を受けて実践することになっている。それは、実習生が行う活動であっても、子どもの育ちを援助する大切な保育活動であるからである。15分間の「絵本の読み聞かせ」であっても、実習生は子どもの「何を育てたいのか」という目的を明確にし、そのために「どのような絵本を選ぶか」という内容を明確にし、「どのように活動を進めるか」という方法を指導案に書きまとめることが必要である。
　そして、指導案をもとに部分実習にていねいに取り組んだあとは、実習経験を反省し評価することが必要である。わずか15分の部分実習をすることで、実に多くの反省点に気づかされるものである。十分に評価・反省の積み重ねをすることが次の責任実習の土台となる。そして「保育者への成長」にもつながるものである。
　図表9は、実習生が部分実習で書き留めたものであるが、どれも貴重な反省点である。これらの反省点を解決することによって、次回の部分実習、さらには責任実習に生かすことができるのである。

図表9　部分実習で「絵本の読み聞かせ」をした実習生の反省点

・子どもの発達・興味にふさわしい絵本ではなかった。
・絵本を読むことだけで夢中になり、一人一人の子どものことを気にかけることができなかった。
・いきなり絵本を読んだために、子どもの興味をひきつけることができなかった。
・絵本を読み終えたらそれでおしまいになってしまい、中途半端な活動になってしまった。
・読んでいるときに、子どもから質問を受け、答えるべきかどうか迷ってしまった。
・子どもの隊形を気にとめなかった。
・絵本を読む前に、子どもの興味づけをするべきであった。

4. 計画、実践、記録、省察、評価、改善の過程の循環による保育の質の向上

（1）幼稚園教育におけるカリキュラム・マネジメント

　幼稚園教育要領では、教育課程にもとづき組織的かつ計画的に幼稚園の教育活動の質の向上を図っていくことをカリキュラム・マネジメントと呼び、次の3つの活動を重視している。第1に、全体的な計画にも留意しながら、「幼児期の終わりまでに育ってほしい姿」を踏まえ教育課程を編成することである。第2に、教育課程の実施状況を評価してその改善を図っていくことである。第3に、教育課程に必要な人的または物的な体制を確保するとともにその改善を図っていくことである。このような計画、実践、評価、改善の一連の活動を通じて、教育課程を軸に幼稚園教育において改善・充実の好循環を生みだすことができるとされている。そしてこのカリキュラム・マネジメントは、園長の方針のもとに、教職員が適切な役割を分担し、相互に連携を取り合って進めていかなければならない。

（2）循環的なPDCAによる保育の質の向上

　PDCAとは、P = Plan［計画・マニュアル］、D = Do［実践］、C = Check［反省・評価］、A = Action［課題の明示・計画の見直し］のことであり、計画的な仕事の実践過程を示すものである。
　保育所保育指針「第1章　3保育の計画及び評価」では、「保育所は、保育の計画に基づいて保育し、保育の内容の評価及びこれに基づく改善に努め、保育の質の向上を図るとともに、その社会的責任を果たさなければならない」と示されている。

保育者は、保育の計画（P）にもとづいて保育（D）し、保育内容の評価（C）をして改善（A）に努めることで、保育の質の向上が図られるのである。このPDCAの一連の流れは保育者など、個人によって行われるものと、保育所で組織（集団）として行われるものとが、相互に関連し合いながら継続していくものである。

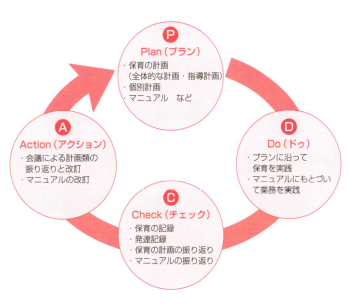

（3）PDCAによる保育の過程

図表10をもとに、PDCAによる保育の過程について説明する。

図表10　PDCAによる保育の過程

[Plan]	[Do]	[Check 1]
保育の計画 全体的な計画の作成 ○各保育所の方針や目標 ○0歳から6歳までの子どもの育ちの見通し ○発達過程に即したねらい・内容 ○養護と教育の一体的展開 指導計画の作成	保育実践 環境を通して行う保育 記録・反省 保育の過程を振り返り、保育を省察し、次の計画に生かす。	保育者などの自己評価 ○子どもの育ちを捉える視点 ○自らの保育を捉える視点 保育要録 課題にもとづく評価の観点を捉え、評価項目を設定し、自ら評価する

[Action]	[Check 2]
○保育所全体で取り組む課題 ○保育所の自己評価、保育内容全般にわたる現状の客観的検証 ○次の保育の計画・実践へ	保育所の自己評価 ○個々の自己評価を踏まえ保育所の課題を明確にする ○保育所の課題についての共通理解と課題認識をもつ ○課題への着目・取り組み方法等についての協議・決定

①保育目標の実現のために計画を作成（Plan）

　保育所には保育の目標あるいは理想的な子ども像が必ずある。保育とは各保育所の保育目標を実現することである。保育目標の実現のためには、保育の計画を立てる必要がある。

　とくに保育所では、0歳から5歳の子どもを保育するので、綿密な計画が必要である。そこで最初に0歳から5歳までの発達の見通しを踏まえた基本的な全体的な計画を作成するのである。

　全体的な計画は保育所のすべての子どもの保育に共通するので、全職員が話し合いながら作成するものである。全体的な計画を作成したら、全体的な計画にもとづいて、各保育者が担当するクラスの子どもにふさわしい、具体的な指導計画を作成する。すなわち長期的指導計画（年間計画・期間計画・月案）や短期的指導計画（週案・日案）である。

②計画にもとづく保育実践（Do）、記録による反省・評価（Check）、改善（Action）

　以上のような指導計画にもとづいて、日々の保育実践がなされるのである。日々の保育では、保育者が子どものために豊かな環境を構成（養護的環境と教育的環境）し、保育者の的確な援助＝保育がなされる。

　日々の保育実践をしたら、実践の記録をとり、省察・評価がなされる。日々の保育の省察が週の保育の省察に生かされるのである。そして週の保育の省察が月の保育の省察・評価へ、月の保育の省察・評価が期・年の保育の省察・評価へと生かされていくのである。このような保育者の保育実践の記録をもとに自己評価がなされるのである。

　保育者が自己評価をする場合、日・週・月・期・年という期間を通して一人一人の子どもがどのように発達し変化したかという「子どもの育ちを捉える視点」から評価する。

　もうひとつは、「自らの保育を捉える視点」から、保育者の計画が適切であったかを見直すのである。すなわち、ねらいや内容が適切であったか、環境構成は十分であったか、援助や配慮はどうだったかなどを考えることである。

　その結果、計画と保育実践とのずれが明らかになり、その理由や原因を明確にすることで、次の立案に生かすことができる。さらに、一人一人の保育者の自己評価（よい点の評価および改善点）を保育者同士で分かち合う（保育所の自己評価）ことで、保育所の解決すべき課題も明確になる。その課題を解決することで、次の指導計画、全体的な計画の改善につながっていくのである。

　以上から明らかなように、全体的な計画や指導計画は決して普遍なものではなく、常に保育実践を通じて改善されるべきものである。すばらしい保育の計画によって、すばらしい保育実践がなされ、保育実践の反省・評価がより、すばらしい保育の計画につな

がるのである。

 練習問題

1 次の保育所保育指針の文章の空欄にあてはまる言葉を書きなさい。

・「保育所は、1の（2）に示した保育の（ ① ）を達成するために、各保育所の保育の方針や目標に基づき、子どもの（ ② ）を踏まえて、保育の内容が組織的・計画的に構成され、保育所の生活の全体を通して、総合的に展開されるよう、（ ③ ）な計画を作成しなければならない。」

・「保育の計画に基づく保育、保育の内容の（ ④ ）及びこれに基づく改善という一連の取組により、保育の質の向上が図られるよう、（ ⑤ ）が共通理解をもって取り組むことに留意すること。」

（答え）①目標　②発達過程　③全体的　④評価　⑤全職員

2 全体的な計画を学ぶことの意義について述べなさい。

3 保育所保育の過程（PDCA）について説明しなさい。

※ 引用文献
　1）倉橋惣三著『育ての心（上）』フレーベル館、1976、p45
※ 参考文献
　・厚生労働省『保育所保育指針解説』フレーベル館、2018
　・文部科学省『幼稚園教育要領解説』フレーベル館、2018
　・久富陽子編『指導計画の考え方・立て方』萌林書林、2011
　・保育総合研究会監修『新保育所保育指針サポートブック』世界文化社、2008
　・清水康之監修『自己評価ガイドブック』フレーベル館、2009
　・古橋和夫編著『改訂　子どもの教育の原理―保育の明日をひらくために』萌林書林、2018
　・塩美佐枝編著『保育内容総論』同文書林、2009
　・現代保育研究所編『やってみよう　私の保育の自己評価』フレーベル館、2009

第4章 子どもの発達過程と指導計画

学びの目標

①発達過程表を参考にして、各年齢の子どもの発達の特徴について説明できる。
②保育所実習、幼稚園実習で、子どもの発達の特性や発達過程をふまえて指導計画を書くことができる。

　全体的な評価や指導計画では、子どもの発達（年齢）にふさわしい保育の目的、ねらい、内容が示されている。とくに日々の保育と直接につながる日案、週案などの指導計画では、子どもの発達の特性や発達の過程に密着した保育内容が示されている。子どもの発達と保育とのかかわりは、非常に深い。
　本章では、保育所保育指針や保育所保育指針解説の「発達」についての理解を深め、「発達にふさわしい保育」について、くわしく解説している。さらに学生のみなさんが保育所実習や幼稚園実習でも活用できるようなアドバイスもしている。

1. 「発達」についての基本的理解

（1）子どもの発達を理解することの意義……子どもへの愛情と知性

　保育者を目指す学生に「どうして保育者になりたいのですか」という質問をすると、多くの学生は「子どもが好きだから」と答える。自然な答えであるが、この「子どもが好き」という意見は、親のわが子への愛情、保育者の子どもへの愛情につながるもので

ある。

　子どもを育てるための何よりの力は、親や保育者の「愛」である。現代の親を見つめたとき、愛の力でわが子を立派な人間に育てた人がいる。しかしながら、同じようにわが子を強く愛しながらも、愛するあまりかえって子どもをしっかりした人間に育てることのできない親もいるのである。いわゆる「盲目の愛」である。

　子どもを育てる力は「愛」であるといえるが、同じ愛であっても「正しい愛」と「間違った愛」がある。それでは「正しい愛」とは、どんなものなのだろうか。それは、子どもの現在の姿を間違いなく把握し、子どもの将来を見通すことのできる眼によって導かれる愛である。**「盲目の愛」ではなく、「知性によって導かれる愛」でなければならない。**

　「知性によって導かれる愛」とは、子どもの心と身体についての正しい知識をもって子どもを愛することである。そこで、保育者は、子どもの心身の発達について学ぶ必要がある。保育者が子どもの発達を理解したうえで、子どもに愛情をもって保育することで、子どもの健全な発達が保障されるのである。

（2）保育所保育指針における「発達」とは

　心理学のテキストでは、「発達」の定義をさまざまに紹介している。保育所保育指針では、「発達」を次のように定義づけている。「子どもは、それまでの体験を基にして、環境に働きかけ、様々な環境との相互作用により発達していく」。保育所保育指針においては、子どもの発達と、環境との相互作用を通して、資質・能力が育まれていく過程として捉えている。

　保育所保育指針では、「発達」をダイナミックに捉えているのがわかる。発達とは、ひと言でいうと「資質・能力が育まれていく過程」である。一般に発達というと、たとえば「はいはいができるようになった」とか「一語文がいえるようになった」とか、表にあらわれた結果や成果を重視しがちである。しかしながら、はいはいができるようになった子どもは、保育者や親に励まされながらやがて「立つ」意欲をもつことができるようになる。立つことができるようになった子どもは、さらにつたい歩きをするようにがんばるのである。子どもの発達を新たな能力を獲得していく過程そのものとして理解することが大切である。

　要約すると、**子どもは自ら発達していく輝かしい存在**であるということである。そして自ら発達していく子どもを支援するのが保育者である。

2. 発達過程と保育

（1）発達過程の基本的理解と保育内容

　保育所保育指針では、発達の過程を大きく乳児期、1歳以上3歳未満児、3歳以上児の3つの時期に分けて、以下のように「基本的事項」として発達のポイントを示し、発達にふさわしい保育の原理を示している。

①乳児の発達と保育
　保育所保育指針に示されている乳児の発達のポイントと保育の原理は、以下の通りである。

> ○視覚、聴覚などの感覚や、座る、はう、歩くなどの運動機能が著しく発達
> ○特定の大人との応答的な関わりを通じて、情緒的な絆が形成される
>
>
>
> 受容的、応答的に行われる保育の重要性

　発達が未分化な乳児期を、①身体的発達に関する視点「健やかに伸び伸びと育つ」、②社会的発達に関する視点「身近な人と気持ちが通じ合う」、③精神的発達に関する視点「身近なものと関わり感性が育つ」の3つの発達の視点から捉え、合計9のねらいと15の内容で保育が行われる。

②1歳以上3歳未満児の発達と保育
　保育所保育指針に示されている1歳以上3歳未満児の発達のポイントと保育の原理は、以下の通りである。

> ○基本的な運動機能、排泄の自立のための身体的機能、指先の機能の発達
> 　→食事、衣類の着脱など身の周りのことを自分で行うように
> ○発声の明瞭化や語彙の増加
> 　→自分の意思や欲求を言葉で表出できるように
>
> 　▼
>
> 子どもの生活の安定を図りながら、自分でしようとする気持ちを尊重し、温かく見守るとともに、受容的、応答的に関わることが必要

乳児期は発達が未分化の状況にあり、3つの発達の視点から捉えられていたが、1歳以上3歳未満児になると発達が分化することにより、5つの領域からねらいと内容で保育が行われることになる。すなわち、健康「心身の健康に関する領域」、人間関係「人との関わりに関する領域」、環境「身近な環境との関わりに関する領域」、言葉「言葉の獲得に関する領域」、表現「感性と表現に関する領域」の5領域であり、合計15のねらいと32の内容による保育が行われるのである。5つの領域に関する学びが大きく重なり合いながら、生活や遊びのなかで育まれていくのである。

③3歳以上児の発達と保育

　保育所保育指針に示されている3歳以上児の発達のポイントと保育の原理は、以下の通りである。

> ○基本的な生活習慣もほぼ自立
> ○理解する語彙数の急激な増加
> ○知的興味や関心の高まり
> ○集団的な遊びや協同的な活動
>
> 個の成長と集団としての活動の充実を図る保育

　1歳以上3歳未満児の発達の連続性の上に、3歳以上児の保育がある。3歳以上児については、これまでと同様に5領域の保育がなされ、15のねらいと53の内容で構成される。

（2）0歳から6歳までの発達過程

　保育所保育指針では、乳児、1歳以上3歳未満児、3歳以上児の3つの発達過程に分けて、それぞれの発達の特徴について示している。乳幼児期は心身ともに個人差が大きいので、この区分は同年齢の子どもの均一的な発達の基準ということではなく、一人一人の子どもの発達過程として捉えることが大切である。

　保育者は、子どもがたどる発達の道筋＝発達過程を理解し、一人一人の子どもの状態を把握しながら、発達を援助することが大切である。

　図表1は、平成29年度版の保育所保育指針解説をベースにしながら、平成20年度版保育所保育指針解説書で、さらに細かな内容を組み入れて作成した発達過程表である。年齢区分ごとに、大項目と小項目に区分している。大項目は、どの子どもも必ず通過しなければならない発達の道筋である。したがって保育者は、一人一人の子どもの発達の

道筋を見極めながら、保育をすることが大切である。小項目は大項目の具体的説明である。

（3）発達過程表を実習で生かすために

　保育所実習や幼稚園実習で配属クラスがわかったら、この「発達過程表」をぜひ、予習に役立ててほしい。たとえば、明日、3歳児クラスで実習をする場合、まず3歳の発達の特徴を学ぶことが必要である。

　そのためには、保育所保育指針第2章の「3　3歳以上児の保育に関するねらい及び内容　（1）基本的事項」を読み、さらに図表1の「3歳」のポイントを確認する。さらに、一人一人の発達の個人差を考えたとき、同様にして「2歳」「4歳」も読んでおくことが大切である。このようにすることによって、3歳児の発達の特徴を弾力的に捉えることができる。

図表1　発達過程表

6か月未満児

大　項　目	小　項　目
身体の著しい発達	○母体内から外界への急激な環境の変化に適応する ○首がすわり、手足の動きが活発になる ○寝返り（6か月）、腹ばいなど全身の動きが活発になる ○視覚、聴覚などの感覚がめざましく発達する
特定の大人との情緒的な絆	○泣く（1か月）、笑う（3か月）などの感覚がめざましく発達する ○なん語などで自分の欲求を表現する ○応答的にかかわる特定の大人との間に情緒的な絆を形成する

6か月～1歳3か月未満児

大　項　目	小　項　目
運動発達―― 「座る」から「歩く」へ	○座る（7～8か月）、はう（9か月）、立つ（10か月）、つたい歩きといった運動能力が発達する
活発な探索活動	○腕や手先を意図的に動かせるようになる ○周囲の人や物に興味を示し、探索活動が活発になる
愛着と人見知り	○特定の大人との応答的なかかわりにより、情緒的な絆が深まる ○あやしてもらうとよろこぶなどやりとりが盛んになる ○人見知り（8か月）をするようになる
言葉の芽生え	○身近な大人との関係のなかで、自分の意思や欲求を身振りなどで伝えようとする ○大人から自分に向けられた気持ちや簡単な言葉がわかるようになる（9か月）
離乳の開始	○離乳食（6か月）から幼児食へ徐々に移行する

1歳3か月～2歳未満児

大　項　目	小　項　目
行動範囲の拡大	○歩き始め（1歳3か月）、手を使い、言葉を話すようになり、身近な人やものに自発的に働きかけていく ○歩く、押す、つまむ、めくるなど、さまざまな運動機能の発達や新しい行動の獲得により、環境に働きかける意欲を一層高める
象徴機能と言葉の習得	○玩具などを実物に見立てるなどの象徴機能（1歳後半）が発達し、人や物とのかかわりが強まる ○大人の言うことがわかるようになる ○自分の意思を親しい大人に伝えたいという欲求が高まる ○指差し、身振り、片言などを盛んに使うようになり、二語文（1歳10か月）を話し始める
周囲の人への興味・関心	○物をやりとりしたり、取り合ったりする姿が見られる（1歳6か月）

2歳児

大　項　目	小　項　目
基本的な運動機能	○歩く、走る、跳ぶなどの基本的な運動機能の発達 ○指先の機能の発達 ○食事、衣類の着脱など身のまわりのことを自分でしようとする ○排せつの自立のための身体的機能が整ってくる
言葉を使うことのよろこび	○発声が明瞭になり、語彙が著しく増加する ○盛んに 模倣 し、物事の間の共通性を見いだすことができるようになる ○象徴機能の発達により、大人と一緒に簡単な ごっこ遊び を楽しむようになる
自己主張	○自分の意思や欲求を言葉で表出できるようになる ○行動範囲が広がり探索活動が盛んになるなか、自我の育ちのあらわれとして、強く 自己主張 （第一反抗期）する姿が見られる

3歳児

大　項　目	小　項　目
運動機能の高まり	○基本的な運動機能が伸びる
基本的生活習慣の形成	○食事、排せつ、衣類などがほぼ自立できるようになる
言葉の発達	○話し言葉の基礎ができて、盛んに 質問 （「なぜ」「どうして」）するなど、知的興味や関心が高まる
友だちとのかかわり	○友だちとのかかわりが多くなるが、実際には同じ遊びをそれぞれが楽しんでいる 平行遊び であることが多い
ごっこ遊びと社会性の発達	○ 自我 がよりはっきりしてくる（「わたし」「ぼく」という） ○大人の行動や日常生活において経験したことをごっこ遊びに取り入れる ○象徴機能や観察機能を発揮して、遊びの内容に発展性が見られるようになる ○ 予想 や意図、期待をもって行動できるようになる

4歳児

大項目	小項目
全身のバランス	○全身のバランスを取る能力が発達し、体の動きが巧みになる（片足とび、スキップ）
身近な環境へのかかわり	○自然など身近な環境に積極的にかかわる（水、砂、土、草花、虫、樹木など） ○さまざまなものの特性を知り、それらとのかかわり方や遊び方を体得していく
想像力の広がり	○ 想像力 が豊かになり、目的をもって行動し、つくったり、描いたり、試したりするようになる
葛藤の経験	○自分の行動やその結果を予測して不安になるなど、葛藤 を経験する
自己主張と他者の受容	○仲間とのつながりが強くなるなかで、 けんか も増えてくる（競争心） ○決まりの大切さに気づき、守ろうとする ○感情が豊かになり、身近な人の気持ちを察し、少しずつ自分の気持ちを抑えられる

5歳児

大項目	小項目
基本的生活習慣の確立	○基本的な生活習慣が身につく
運動能力の高まり	○運動機能がますます伸び、よろこんで 運動遊び をする（縄跳び、ボール遊びなど） ○仲間とともに活発に遊ぶ
目的のある集団行動	○言葉によって共通のイメージをもって遊んだり、目的に向かって集団で行動することが増える ○遊びを発展させ、楽しむために、自分たちで決まりをつくったりする ○けんかを自分たちで解決しようとするなど、お互いに相手を許したり、異なる思いや考えを認めたりといった社会生活に必要な基本的な力を身につけていく
思考力の芽生え	○自分なりに考えて判断したり、批判する力が生まれる
仲間のなかの一人としての自覚	○他人の役に立つことをうれしく感じたりして、仲間のなかの一人としての自覚が生まれる

6歳児	
大項目	小項目
巧みな全身運動	○全身運動が滑らかに巧みになり、快活に跳び回るようになる（ボールをつきながら走る、跳び箱を跳ぶ、竹馬に乗る）
自主と協調の態度	○仲間の意思を大切にしようとする ○役割の分担が生まれるような 協同遊び やごっこ遊びを行い、満足するまで取り組もうとする ○さまざまな知識や経験を生かし、創意工夫を重ね、遊びを発展させる
思考力と自立心の高まり	○これまでの体験から、自信や予想や見通しを立てる力が育ち、心身ともに力があふれ、意欲が旺盛になる ○思考力や認識力も高まり、自然現象や社会事象、 文字などへの興味や関心 も深まっていく ○身近な大人に甘え、気持ちを休めることもあるが、さまざまな経験を通して自立心が一層高まっていく

さらに以下のような観点にもとづいて発達過程を読むことも実行してほしい。

①**領域ごとの発達過程をチェックする**：身体的発達、知的発達、情緒的発達、社会的発達、さらに基本的生活習慣の形成という領域に分けて、子どもの発達を眺めることも大切である。

　たとえば、「6か月未満児」では、子どもはなん語を発するようになり、「6か月〜1歳3か月未満児」では一語文を、さらに「1歳3か月〜2歳未満児」では二語文を話すようになり、2歳では語彙が著しく増加するようになる。

②**キーワードに注目する**：発達過程表では、学生のみなさんにぜひ覚えてほしい専門用語を四角で囲んでいる。『保育所保育指針解説』や、ほかの専門書、辞書などを読んで、これらの用語の理解を深めてほしい。そして用語の意味を理解するだけでなく、その用語が子どもの発達にどのような意味をもつのかを考えることが大切である。一例を示すと以下の通りである。

◎象徴機能（1歳3か月～2歳未満児）
［意味］　　　・実際に目の前にはない場面や事物を頭のなかでイメージして、遊具などで見立てるという機能（『保育所保育指針解説書』より）
［例］　　　　・おもちゃの自動車を使って「ブーブー」といいながら走らせることができる。
［象徴機能が育っていない場合］：おもちゃの自動車をイメージできず、床のうえにたたきつけて音を楽しむことしかできない。
［象徴機能と言葉を習得すると］：目の前にないものでも、言葉を聞いてイメージすることができる。
　　　　　→　コミュニケーションが豊かになる。

③**追体験しながら読む**：学生のみなさんが子どもになったつもりで、それぞれの発達段階をイメージのなかで追体験するのも効果的である。たとえば、「6か月～1歳3か月未満」の子どものように、歩き出して探索活動（いたずら）をしている子どもになってみよう。「3歳」の子どものように、物の名前を知りたくて盛んに質問する子どもになってみよう。「4歳」の子どものように、自分の行動や結果を予測して不安になるような葛藤を経験し始めた子どもになってみよう。

　これらの経験は、学生のみなさんも幼少のころ経験したことがあるかもしれない。自分の幼少期を振り返りながら追体験するのもよいだろう。

（4）一般的な発達過程と一人一人の子どもの発達の理解……実習生の体験をもとに

　保育所保育指針に示された発達過程は「同年齢の子どもの均一的な発達の基準ではなく、一人一人の子どもの発達過程」である。**一人一人の成長の足取りは、さまざまであるが、子どもがたどる発達の道筋や順序性は共通である**。どの子どもも、図表1の発達過程表の「大項目」に示された発達の節目をたどることになる。

　しかしながら、注意しなければならないことは、一人一人の発達には個人差があるということである。子どもは「十人十色」であり、周囲への見方や受け止め方も、周囲への働きかけもすべて個々によって違うものをもっている。したがって、発達過程表の「大項目」の発達の節目が早くあらわれる子どももいれば、遅れてあらわれる子どももいる。また、節目があらわれても、その節目をすぐに経過する子どももいれば、ゆっくりと踏みとどまる子どももいるのである。

　保育者は、子どもの発達の道筋をきちんと押さえて、その時期に合った「今」を大切にする保育をすることが大切である。

・実習生の部分実習の体験より

　次に示すのは、実習生が保育所実習で体験した部分実習の内容である。3歳クラスで、1時間の部分実習をした。その際に実習生が選んだ活動は「はり絵」である。はり絵を選んだ理由は、3歳児の発達にふさわしい活動だからということである。

> 「はり絵」を選んだ理由
> ・切る　　　ハサミの使用　　　3歳の発達にふさわしい
> ・貼る　　　ノリの使用　　　　3歳の発達にふさわしい
> ・描く　　　クレヨンの使用　　3歳の発達にふさわしい

　はり絵をするためには、イメージした形をハサミで切る必要がある。3歳児はハサミが使える。次に、切ったものを画用紙にノリで貼る。3歳児はノリを扱うことができる。さらに、貼った画用紙に絵を描き足すことになる。3歳児はクレヨンで絵を描くことができる。すなわち、切る・貼る・描くという活動は、3歳児の発達段階にふさわしい活動であり、はり絵というテーマ活動を通じて総合的に指導できると思ったそうである。

　しかしながら、実際に活動を行ったところ、切る・貼る・描く、それぞれの活動に予想以上に時間がかかってしまい、指導保育士の援助を受けても時間超過してしまったということである。

　なぜ、うまくいかなかったのだろうか。その理由は、**3歳児の平均的な発達については理解していたが、3歳児の個人差を理解していなかった**ということである。「切る」という活動でも、早く切ることができる子どももいれば、ゆっくりと切る子どももいる。「切る」という活動だけでも、個人差がある。そして「貼る」「描く」活動についても同様である。

　「3歳児のはり絵」というテーマであれば、「切る」「貼る」「描く」どれか1つにポイントを絞って行うべきだろう。たとえば、集団活動として、模造紙に大きなリンゴの木を描いておく。そして、3歳児にリンゴを描いた画用紙を配布し、子どもがリンゴを切り抜き、みんなでリンゴの木にノリで貼っていくのである。

（5）発達を積みあげていく、じっくりと発達を成し遂げていく

　たとえば、「はえば立て、立てば歩めの親心」ということわざがある。このことわざは「子どもの成長を楽しみに待っている親の気持ち」をいいあらわしたものである。わが子がはいはいを始めたら、親はそのことをよろこぶ。親がよろこんでいるうちに、やがてわが子が自分の足でしっかりと立ちあがることができるようになり、さらに親がよろこぶ。やがてよちよち歩きができるわが子を見て、親はさらによろこぶ。そこには、子どもの成長を温かく見守り、じっくりと成長を実現しようとする親の姿勢が感じられる。

　先の発達過程表では、「6か月～1歳3か月未満児」の「座る、はう、立つ、つたい歩きといった運動能力が発達する」が、これにあてはまるだろう。しかしながら、現在の親は、「はうようになったかならないうちに、もう立たせようとし、立つようになったら、今度はもうすぐに歩かせようとするのが親心」と解釈するのではないだろうか。そこには、早く発達することが理想であり、"育て急ぎ"の姿勢が感じられる。

　ところでプロの保育者は、子どもの発達にどのようにかかわるべきか。子どもの成長・発達は、階段を一歩一歩あがっていくような積みあげがあってはじめて達成されるものである。

　保育者は、一人一人の子どもの発達過程を見きわめながら、子どもの自発性にまかせたり、きちんとしつけをしたりして、一つ一つ確実に身につけさせていくことが大切である。そのために保育者は、日々の保育を大切にし、その1日が子どもにとってかけがえのない大事なものとなるように努力する必要があるのである。

3. 子どもの発達過程を保育に生かす

（1）発達の過程にふさわしい保育のポイント……2歳児を例に

　次の図表2は、ある保育所の2歳児の保育のポイントを示したものである。

図表2　2歳児の保育のポイント

❶ 子どもの「自己主張（言い分）」に余裕をもってつき合う
❷ 子どもの言葉の育ちに、ていねいにかかわっていく
❸ 生活習慣の指導では、自分でやりたい気持ちを大切にしていく
❹ 自由なごっこ遊びをいっぱい楽しめるようにする
❺ いろいろな活動、遊びで、イメージと表現の世界を楽しめるようにする
❻ 自然の恵みやさまざまな不思議にふれ、観察したり調べたりしていくようにする

　❶については、発達過程表にあるように、2歳児は「強く自己主張」（第一反抗期のあらわれ）する時期にあり、自分の気持ちを一生懸命に伝えようとしている。「自分はこうしたいんだ。こうでなくちゃイヤだ」という自己主張を保育者は、余裕をもって受け入れる必要がある。
　❷については、2歳児は「語彙が著しく増加」する時期にあり、二語文や多語文が使えるようになる。したがって保育者は、2歳児の言葉をじっくり聞いてあげたり、足りない言語表現には言葉を補って質問をしたりして、言葉の育ちを促すことが大切である。
　❸については、2歳児は「食事、衣類の着脱など、身のまわりのことを自分でしようとする」時期にあり、自分でできることがうれしく楽しい子どもたちである。そこで保育者は、衣服の着脱など生活習慣の指導では、手を出しすぎず、ポイントをちょっと手助けして、子どもが気持ちよく「やれた！」というよろこびや達成感を感じられるようにすることが大切である。
　❹、❺については、2歳児は「象徴機能（イメージする力）」が発達し、「大人と一緒に簡単なごっこ遊び」を楽しむ時期にある。2歳児は象徴機能の発達により、見立て遊びやつもり遊びなどのごっこ遊びを盛んにするようになる。また、絵本のストーリーを楽しむことができるようになり、描いたりつくったり、積み木やパズルなどの活動もイメージにもとづいてできるようになる。保育者はこのようなさまざまな遊びや活動の機会を与えることが大切である。
　❻については、2歳児は「探索活動が盛ん」になる時期にあり、身近な自然にふれることが大切である。ダンゴムシを探したり、幼虫を育てたり、保育所で育てる植物や作物に水をあげたり、さまざまな形で自然にふれる機会を与えることが重要である。

　以上のように、保育者は発達過程表の大項目や小項目をもとにして、各年齢の保育のポイントを考えることが大切である。

（2）保育所保育指針のねらいと発達過程を保育の計画の作成に

　保育所保育指針には、「保育の目標を達成するために、各保育所の保育の方針や目標に基づき、子どもの発達過程を踏まえて、保育の内容が組織的・計画的に構成され、保育所の生活の全体を通して、総合的に展開されるよう、全体的な計画を作成しなければならない」と示されている。保育とは、子どもの発達過程を踏まえて保育を行い、ねらいを達成することである。したがって大切なことは、子どもの発達過程にふさわしいねらいを考えることである。

①発達過程と「養護」

　保育所保育指針「第1章　総則　2養護に関する基本的事項」には、「養護の理念」とともに「養護に関するねらい及び内容」が示されている。養護に関するねらいと内容はすべての乳児、幼児に共通するものである。

　たとえば、「情緒の安定」の1つのねらい「一人一人の子どもが、周囲から主体として受け止められ、主体として育ち、自分を肯定する気持ちが育まれていくようにする。」について、考えてみよう。

　乳児ならば、おなかがすいたら、ミルクや離乳食を十分にもらったり、眠たくなってぐずるようなときに、保育士に優しく抱きかかえられるというような生理的欲求が満たされると、「主体として受け止められる実感」をもつことができる。また、起きているときに、保育士と一緒に遊んでいるときにも同様な実感をもつことができる。

　4歳児の場合を考えてみよう。4歳児の発達過程表には、「自分の行動やその結果を予測して不安になるなど、葛藤を経験する」という内容がある。4歳児は、表現活動などで、自分なりに「上手・下手」といった感覚をもつようになり、そのために不得意な活動をためらうことがある。そのようなときに、保育者の優しい激励のひと言が子どもの意欲を高めることになり、自己肯定感を育てるきっかけにもなるのである。

　以上のように、発達過程を踏まえながら、一人一人の子どもの養護を考えて実践することが大切である。

②発達過程と「教育」

　保育所保育指針「第2章　保育の内容」には、「教育に関わるねらい及び内容」が示されている。図表3は、乳児、1歳以上3歳未満児、3歳以上児の3つの発達過程それぞれのねらいを一覧表にしたものである。

図表3　乳児、1歳以上3歳未満児、3歳以上児のねらい

乳児 ［3つの発達の視点］	1歳以上3歳未満児 ［5領域］	3歳以上児 ［5領域］
［身体的発達に関する視点］ ○身体感覚が育ち、快適な環境に心地よさを感じる。 ○伸び伸びと体を動かし、はう、歩くなどの運動をしようとする。 ○食事、睡眠等の生活のリズムの感覚が芽生える。 ［社会的発達に関する視点］ ○安心できる関係の下で、身近な人と共に過ごす喜びを感じる。 ○体の動きや表情、発声等により、保育士等と気持ちを通わせようとする。 ○身近な人と親しみ、関わりを深め、愛情や信頼感が芽生える。 ［精神的発達に関する視点］ ○身の回りのものに親しみ、様々なものに興味や関心をもつ。 ○見る、触れる、探索するなど、身近な環境に自分から関わろうとする。 ○身体の諸感覚による認識が豊かになり、表情や手足、体の動き等で表現する。	［健康］ ○明るく伸び伸びと生活し、自分から体を動かすことを楽しむ。 ○自分の体を十分に動かし、様々な動きをしようとする。 ○健康、安全な生活に必要な習慣に気付き、自分でしてみようとする気持ちが育つ。 ［人間関係］ ○保育所での生活を楽しみ、身近な人と関わる心地よさを感じる。 ○周囲の子ども等への興味や関心が高まり、関わりをもとうとする。 ○保育所の生活の仕方に慣れ、きまりの大切さに気付く。 ［環境］ ○身近な環境に親しみ、触れ合う中で、様々なものに興味や関心をもつ。 ○様々なものに関わる中で、発見を楽しんだり、考えたりしようとする。 ○見る、聞く、触るなどの経験を通して、感覚のはたらきを豊かにする。 ［言葉］ ○言葉遊びや言葉で表現する楽しさを感じる。 ○人の言葉や話などを聞き、自分でも思ったことを伝えようとする。 ○絵本や物語等に親しむとともに、言葉のやり取りを通じて身近な人と気持ちを通わせる。 ［表現］ ○身体の諸感覚の経験を豊かにし、様々な感覚を味わう。 ○感じたことや考えたことなどを自分なりに表現しようとする。 ○生活や遊びの様々な体験を通して、イメージや感性が豊かになる。	［健康］ ○明るく伸び伸びと行動し、充実感を味わう。 ○自分の体を十分に動かし、進んで運動しようとする。 ○健康、安全な生活に必要な習慣や態度を身に付け、見通しをもって行動する。 ［人間関係］ ○保育所の生活を楽しみ、自分の力で行動することの充実感を味わう。 ○身近な人と親しみ、関わりを深め、工夫したり、協力したりして一緒に活動する楽しさを味わい、愛情や信頼感をもつ。 ○社会生活における望ましい習慣や態度を身に付ける。 ［環境］ ○身近な環境に親しみ、自然と触れ合う中で様々な事象に興味や関心をもつ。 ○身近な環境に自分から関わり、発見を楽しんだり、考えたりし、それを生活に取り入れようとする。 ○身近な事象を見たり、考えたり、扱ったりする中で、物の性質や数量、文字などに対する感覚を豊かにする。 ［言葉］ ○自分の気持ちを言葉で表現する楽しさを味わう。 ○人の言葉や話などをよく聞き、自分の経験したことや考えたことを話し、伝え合う喜びを味わう。 ○日常生活に必要な言葉が分かるようになるとともに、絵本や物語などに親しみ、言葉に対する感覚を豊かにし、保育士等や友達と心を通わせる。 ［表現］ ○いろいろなものの美しさなどに対する豊かな感性をもつ。 ○感じたことや考えたことを自分なりに表現して楽しむ。 ○生活の中でイメージを豊かにし、様々な表現を楽しむ。

　保育者は、最初に乳児、1歳以上3歳未満児、3歳以上児のそれぞれのねらいがどのように関連し発展しているのかを見極める必要がある。

　たとえば、乳児の「身体的発達に関する視点」の「食事、睡眠等の生活リズムの感覚

が芽生える」が、1歳以上3歳未満児の領域「健康」の「健康、安全な生活に必要な習慣に気付き、自分でしてみようとする気持ちが育つ」に発展し、さらに3歳以上児の領域「健康」の「健康、安全な生活に必要な習慣や態度を身に付け、見通しをもって行動する」へとつながっていくのである。乳児の生活リズムの感覚を育てることから始まり、卒園時には見通しをもって行動できるようになるまで成長・発達することができるようになる。

　保育者は、次に発達過程表の健康に関連する発達の項目を捉えて、乳児、1歳以上3歳未満児、3歳以上児のねらいと内容を具体的に全体的な計画や指導計画のなかに記載する。このような計画にもとづいて保育を行い、ねらいを達成することができるのである。

　なお、本章には、ねらいのみを一覧表に示したが、学生のみなさんは、さらに「乳児、1歳以上3歳未満児、3歳以上児の「内容」の関連性について調べて、学びを深めてほしい。

練習問題

[1] 乳児、1歳以上3歳未満児、3歳以上児それぞれの発達の特徴と保育について説明しなさい。

[2] 次の言葉について、簡単に説明しなさい。。
　①情緒的な絆　②探索活動　③象徴機能　④自己主張（第一反抗期）

❋ 引用文献
　・保育総合研究会監修『新保育所保育指針サポートブック』世界文化社、2008

❋ 参考文献
　・厚生労働省『保育所保育指針―平成29年告示』フレーベル館、2017
　・厚生労働省『保育所保育指針解説』フレーベル館、2018
　・山下俊郎『幼児心理学』朝倉書店、1981
　・発達科学研究教育センター『乳幼児発達スケール』発達科学研究教育センター、2012
　・民秋言編『幼稚園教育要領・保育所保育指針・幼保連携型認定こども園教育・保育要領の成立と変遷』萌文書林、2017

第5章 保育所における保育の計画

学びの目標

①保育所の全体的な計画の内容を理解する(第3章を基本に)。
②さまざまな保育の形態とその指導計画を理解する。

　本書の第3章で学んだ全体的な計画や指導計画の基本と、第4章で学んだ子どもの発達過程をもとに、本章では、実際の全体的な計画や指導計画の内容を具体的に学び、保育所の保育がイメージできることが望まれる。
　全体的な計画や指導計画の内容を理解することは、さまざまな保育形態の子どもの姿や保育者の活動までも学ぶことにつながっている。

1. 保育所の全体的な計画

(1) 全体的な計画の内容

　保育所保育指針が全体的な計画に取り入れられていることは、本書の「第3章　保育の計画と評価の基本」で学んだ。全体的な計画は、実際に保育所ではどのようなものになっているのであろうか。一般的な例を示しながら、全体的な計画の内容を見ていく(第3章の58ページに示された書式に沿いながら説明する)。
　一般的には、全体的な計画として1枚の紙面になっていることが多いが、ここでは大きく3つに分けて説明する。1つ目は「保育の根幹となる項目」(⇒①)、2つ目は「子

どもの保育について」の項目（⇒90ページの②）、3つめは①や②以外の「保育所の役割に関する項目」(⇒94ページの③) である。

①保育の根幹となる項目について

図表1は、保育所の保育の基本的なところである「保育理念」「保育方針」「保育目標」「社会的責任（人権尊重、説明責任、情報保護、苦情解決）」「地域の実態」についての項目が示されている。なお、「発達過程」については、②の「子どもの保育について」にあらわされている。

図表1　A保育園の全体的な計画

❶保育理念	子どもの最善の利益を基本に保育を行う。
❶保育方針	一人一人の子どもの育ちを支える。保護者の子育てと仕事を支援する。
❷保育目標	生き生きと遊ぶ子ども。主体的に活動する子ども。
❸社会的責任	児童福祉施設としての社会的責任を果たす（社会福祉法第24条・児童福祉法第1条、同7条、同39条、同49条、保育所保育指針など）。
人権尊重	子どもの人格を尊重した保育を行う（児童福祉法第18条4項、同48条3項）。
説明責任	保育内容など、具体的でわかりやすい説明を行う（社会福祉法第75条、同76条）。
情報保護	保育にあたり知り得た子どもや保護者に関する個人情報は、正当な理由なく洩らしてはならない（児童福祉法第18条22、個人情報の保護に関する法律）。
苦情解決	保護者の苦情に対し、苦情解決責任者、受付担当者、第三者委員を決め、体制を整え、苦情受付から解決までの仕組みを明確化する（社会福祉法第82条）。
❺地域の実態	地域の実態に対応した事業を行う。地域のニーズに合わせ、地域子育て支援センターを運営する（一時保育、学童保育、園庭開放、育児相談、育児講座、体験保育などを実施）。

❶**保育理念、保育方針**：A保育園では、保育理念を「子どもの最善の利益を基本に保育を行う」としている。また、保育方針は「一人一人の子どもの育ちを支える。保護者の子育てと仕事を支援する」である。A保育園は、保護者や地域に対して地域で育つ子どもたちの「最善の利益」、つまり子どもたちがもっともよく生きていけるように、子どもとその保護者へ支援をしていくことを使命としていることがわかる。

❷**保育目標**：A保育園の保育目標は「生き生きと遊ぶ子ども。主体的に活動する子ども」である。この場合、子どもの姿を通して目標が立てられている。このような子どもに育てたい、育ってほしいという願いから目標となっている。

❸**社会的責任**：保育所保育指針に記されている社会的責任の内容が示されている。ここに記載されているように、保育所保育指針のみならず、児童福祉法や社会福祉法においても児童福祉施設としての責務のあることを理解しておかなければならない。

　とくに「子どもの人格を尊重した保育を行う」や「保育にあたり知り得た子どもや保護者に関する個人情報は正当な理由なく洩らしてはならない」は、学

生のみなさんが、教育・保育実習する場合にも心しておかなければならないことである。

❹**発達過程**：保育者が子どもの発達過程を理解しておくことは、全体的な計画の作成のなかで重要な意味をもつ。一般的な子どもの発達を理解したうえで、その保育所の子どもたちの発達に合った計画を立てていくものだからである。

　全体的な計画のなかに、子どもの発達過程の表を取り入れる場合もあるが、多くは、「子どもの保育の目標とその内容」を示す際に年齢別になっており、発達過程が基礎になっている。A保育園の場合も、年齢別の保育のねらいや内容に含まれている。つまり、「発達過程」は、その年齢の望ましい発達を意味しており、「保育目標」として捉えられるものである。

❺**地域の実態**：A保育園の場合、地域の子育て支援への事業として、地域子育て支援センターを運営し、地域のニーズに合わせて、一時保育や学童保育、育児相談などを行っている。

　保育所に通う子どもと保護者だけでなく、**地域の子育て家庭への支援**は、保育所の役割であることがわかる。

②子どもの保育について

　92ページの図表2は、「子どもの保育目標」と「保育の内容」があらわされている。保育の目標は年齢別になっており、保育の内容では「生命の保持」「情緒の安定」「健康」「人間関係」「環境」「言葉」「表現」の項目が示されている。

❻**子どもの保育目標**：A保育園の子どもの保育目標は、図表２に示されているように、０歳児から６歳児までの子どもの年齢ごとにあらわされている。これらの目標は、**０歳児から６歳児まで連続性があり、発達過程にもとづいている**ものである。

たとえば、A保育園の保育目標は、「生き生きと遊ぶ子ども。主体的に活動する子ども」であった。この「主体的に活動する子ども」を育てるためには、どのような保育をすればよいのだろうか。０歳児から６歳児まで、この「子どもの保育目標」をもって保育を行っていけば、「主体的に活動する子ども」になるであろうという願いが込められている。

次に、各年齢の目標を見てみる。１歳児～２歳児の「食事、排泄、着脱など自分でやってみようとする」という目標が、２歳児～３歳児では「身のまわりのことを保育者に促され、自分でしようとする」になり、３歳児～４歳児では「身のまわりのことを自分でする」という目標になっている。そして、４歳児～５歳児では「自分から取り組むようになる」と、徐々に段階を経て年長児になるころには、自分から自発的な活動ができるような目標設定が行われている。このように目標も年齢に合わせた一貫性があることが重要である。

❼**保育の内容**：全体的な計画に示される保育のねらいと内容は、A保育園の場合では、年齢ごとのねらいは、「子どもの保育目標」として示され、保育の内容は年齢ごとに「生命の保持」「情緒の安定」「健康」「人間関係」「環境」「言葉」「表現」の項目にあらわされている。

もう一度、A保育園の保育目標を振り返ってみよう。保育目標は「生き生きと遊ぶ子ども。主体的に活動する子ども」であった。そして、その目標達成のためには、年齢ごとのねらい（子どもの保育目標）が一貫して設定されていた。では、保育の内容はどのように考えられているのだろうか。

A保育園では、主体的な活動ができる子どもに育つためには、子どもが保育者との信頼関係をもとに、自己肯定感をもつことが必要であるとの考えがある。

保育内容において、情緒の安定の項目で、０歳児、１歳児は個別のかかわりが重要視されていることはいうまでもないが、２歳児～３歳児では「一人一人の子どもの欲求や甘えなどを受け止め、ていねいに対応する」となり、３歳児～４歳児では「子どもの気持ちや活動を肯定的に受け止め、子どもに自信をもたせるかかわりをする」となる。４歳児～５歳児では「困ったときにはいつでも助けてもらえるという安心感をもてるようにかかわる」となり、５歳児～６歳児では「個性が認められ自信がもてるようにかかわる」となっている。

つまり、一貫して**子ども一人一人を常に肯定的に受け止め**、どの子にも「あ

図表2　A保育園の全体的な計画の例（子どもの保育目標、保育の内容の部分）

		0歳児～1歳児	1歳児～2歳児	2歳児～3歳児	3歳児～4歳児	4歳児～5歳児	5歳児～6歳児
子どもの保育目標 ❻		・一人一人の生活リズムが大切にされ、生理的欲求が満たされる。 ・特定の大人との信頼関係が育まれる。	・保育者に世話をしてもらいながらも食事、排泄、着脱など自分でやってみようとする。 ・自我が芽生えて、言葉や、行動で、表現しようとする。 ・十分に体を動かして歩行や探索活動を楽しむ。	・身のまわりのことを保育者に促され、自分でする。 ・好きな遊びを楽しみ、友だちへの関心も芽生えるが、トラブルもある。保育者の仲立ちで、友だちとのかかわりが育つ。	・生活に必要な身のまわりのことを自分でする。 ・さまざまな遊びを通して経験を広げ、友だちと一緒に遊ぶことを楽しむ。 ・自分の思いを言葉やいろいろな活動で表現する。	・生活に必要なことがわかり、自分から取り組むようになる。 ・友だちとのつながりが深まるとともに、葛藤も経験し、相手の気持ちに気づいたり、自分の気持ちを抑えることを学ぶ。	・基本的な生活習慣が自立する。 ・友だちと協力し合って活動することに、よろこびを感じる。 ・身近な社会現象や自然に関心をもち、地域の人など、さまざまな人とのかかわりを楽しむ。
保育の内容 ❼	生命の維持	・特定の保育者が担当し、一人一人の生活リズムを整える。清潔で安全な環境を整える。	・一人一人の心身の状態を把握する。 ・食事、睡眠、排泄、着脱など、子どもが心地よく世話を受けられるようかかわる。	・一人一人の心身の状態を把握し、快適な生活できるようにする。 ・身のまわりのことを保育者に促され、自分でしようとする。	・基本的な生活習慣に関することを自分でできることが、うれしいと感じられるようにかかわる。	・生活に必要なことを自分から取り組んでいるときには、自信をもたせるような援助をする。	・基本的生活習慣に関することを自分たちで進められるような援助をする。また、自分から体調を大人に伝えられるような援助をする。
	情緒の安定	・特定の保育者が安定した状態で応答的にかかわる。	・できるだけ同じ保育者のかかわりを多くする。 ・子どもの活動量を考慮し、活動と休息のバランスを考えてかかわる。	・一人一人の子どもの欲求や甘えなどを受け止め、ていねいに対応する。	・子どもの気持ちや活動を肯定的に受け止め、子どもに自信をもたせるかかわりをする。	・困ったときにはいつでも助けてもらえるといる安心感をもてるようにかかわる。	・一人一人がみんなのなかで、得意なことや苦手なことも含めて、個性が認められ自信がもてるようにかかわる。
	健康	・体を十分に動かす楽しさが感じられるようにする。また清潔になる心地よさを感じる。	・外遊びや好きな遊びを十分に楽しむ。 ・気持ちのよい快な状態がわかり、不快な状態を伝えようとする。	・外で思い切り体を動かす心地よさを味わう。 ・保育者に制止されることで危険なことを知る。	・歩く、走る、跳ぶなどの基本的な運動能力が育ち、体を使って遊ぶ楽しさがわかる。 ・危ないことがわかるようになる。	・体の動きが巧みになる。 ・いつもと違う体の状態がわかり、保育者に伝えようとする。	・運動能力が高まり、さまざまな運動ができることで自信をもつ。 ・危険なことなどを理解し、危険を避けることができる。
	人間関係	・身近な大人にあやされると全身で反応し、自分からかかわろうとする。	・保育者に受け入れられることで、安心して自分を表現する。 ・周囲の子どもにも関心をもち始める。	・保育者との関係を基礎に、少しずつ友だちとかかわろうとする。 ・玩具の取り合いや喧嘩をしながら、保育者の仲立ちにより、友だちとのかかわりを経験する。	・保育者や友だちとの集団遊びやごっこ遊びが楽しくなり、友だち関係が広がる。 ・喧嘩などを通して相手の気持ちに気づくことや、譲ることができるようになる。	・簡単なルールがわかり、友だちと集団で遊ぶことなどが楽しくなる。 ・友だち関係での葛藤も多くなるが、自分の気持ちを抑えることもでき、関係が深まってくる。	・年長としての自覚が芽生え、友だちと協力して活動を行い、自分の役割を果たそうとする。 ・友だちのよいところを認め合ったり、困っている友だちを手助けしたりする。

保育の内容 ❼	環境	・身のまわりのさまざまな刺激（日、風、雨）にふれ、いろいろな感覚を経験する。 ・さまざまなものと出会う。	・保育者に見守られ、玩具や遊具に興味をもってかかわる。 ・園庭や戸外で砂、土、水、草花、小動物などにふれる。	・さまざまな自然物や、小動物にふれながら自然の営みを感じる。 ・さまざまな素材にふれ、素材の変化を体で感じて楽しむ。	・身近な小動物の飼育や植物の栽培を通して、親しみを感じる。 ・好きな遊具で集中して遊ぶ。 ・素材の変化を楽しんだり、道具を扱うおもしろさを知る。	・季節の変化や美しさ、自然の不思議さに興味をもち、自然物で遊ぶ楽しさを知る。 ・素材の性質や、道具の使い方を知り、積極的に遊びに取り入れるようになる。	・身近な動植物に親しみをもち、大切に育てるなかで、生命の尊さに気づく。 ・生活や遊びのなかで、文字や数、量、形、位置、時間などに関心をもち、学ぶことを楽しむ。
	言葉	・保育者の働きかけに笑顔になり、声をだしてよろこぶ。 ・保育者との応答的なかかわりで、なん語が豊かになる。	・保育者の話かけや、やり取りのなかで、指さしや、声、言葉で気持ちを伝えようとする。 ・生活のなかの簡単なあいさつをする。知っている言葉を使うよろこびを感じる。	・保育者と一緒に簡単なごっこ遊びをするなかで、言葉のやり取りを楽しむ。 ・絵本や紙芝居、保育者のお話を聞くなかで、お話の楽しさを味わう。	・自分の思ったことやしたいことが言えるようになり、保育者や友だちとのおしゃべりが楽しくなる。 ・絵本や保育者のお話を聞きながら、イメージを膨らませるようになる。	・自分が経験したことや、感じたことを話すことが楽しくなる。また、友だち同士での話や保育者の話も親しみをもって聞くことができる。 ・ストーリー性のある長い話も楽しみながら聞くことができる。	・経験したことや自分の考えを相手にわかるように話すことができ、友だち同士で話し合いをして何かを決めることもできる。 ・言葉の美しさや、リズムのおもしろさに気づき、言葉遊びを楽しむ。
	表現	・見る、聴く、さわるなどの遊びを通して、さまざまな感覚を知る。また、心地よい感覚を楽しむ。 ・保育者の歌う声に反応し、体を動かしたり声をだす。	・心地よい音や手ざわりなどを好む。 ・保育者のマネをして、歌ったり、手遊びをしたり、リズムに合わせて、体を動かして楽しむ。	・身近な音楽に親しみ、保育者と一緒に歌ったり、手遊びをしたり、リズム遊びで、動物や身近なものの模倣をすることを楽しむ。 ・大きな紙に描画したり、描いたものに名前をつけたりする。	・音楽に合わせて体を動かしたり、大きな声をだして歌ったりすることをよろこんで行う。 ・さまざまな素材や用具を使うことを経験し、好きなように描いたり、形をつくったりすることを楽しむ。	・みんなで一緒に歌うことの楽しさを知り、また音楽に合わせてみんなで体を動かすことの楽しさを知る。 ・経験したことや印象に残ったことを描き、説明をする。 ・身近な体験を友だちとのごっこ遊びに取り入れて楽しむ。	・友だちと一緒に音楽を聴いたり、歌ったり、体を動かしたり、楽器を弾いたりして、音色の美しさやリズムの楽しさを味わう。 ・絵本の話を劇ごっこで表現したり、自分たちでつくったお話を演じたりして楽しむ。

なたは、そのままで大丈夫」という安心感をもたせることが、示されている。そして、自信をもった子どもが、主体的な子どもへと育っていくことを願っていることが、この「情緒の安定」の項目から読み取れる。また、その他の項目も年齢ごとの内容に連続性があることがわかる。

❽食育：A保育園では、食育の計画は全体的な計画には含まず、別立てになっている。本章の「食育計画」の項で説明する（106ページ参照）。

③保育所の役割に関する項目

図表3には、「健康支援」「環境・衛生管理」「安全対策・事故防止」「保護者・地域への支援」「研修計画」「小学校との連携」「特色ある保育」「地域行事への参加」の項目が示されている。以下に各項目の解説をする。

図表3　A保育園の全体的な計画の例（健康支援、環境・衛生管理、安全対策・事故防止など）

❾健康支援	・発育状態や健康状態の継続的な把握 ・家庭の養育状態の継続的な把握 ・年間保健計画の立案と実施・保健だよりの配布 ・定期的な健診の実施（0歳児健診・内科・歯科検診） ・異常が認められたときの対応（園医や保健センターなどとの連携）
❿環境・衛生管理	・施設内外の設備・用具などの点検や清掃 ・安全管理および自己点検の実施 ・職員の細菌検査の実施
⓫安全対策・事故防止	・月1回の避難訓練の実施（火災・地震・台風・不審者など） ・消防署との訓練の実施（通報・消火・救命救急など） ・ヒヤリハット集の作成
⓬保護者・地域への支援	・一人一人の保護者を理解し受け止め、ニーズに沿って相談、アドバイスを常時行える体制を整える。 ・地域に向けては、子育て支援センターを運営し、園庭開放、一時保育、育児相談、育児講座、子育て情報誌の発信、ボランティアの受け入れなどを行う。
⓭研修計画	・計画にもとづき園内外の研修を積極的に実施（初年度研修・年齢別研修・障害児保育研修・危機管理研修・食育研修など）。 ・定期的に保育実践の振り返りや自己評価を園全体で行う。
⓮小学校との連携	・地域の小学校との見学会や交流会実施（小学生や職員との交流）。 ・学童保育との交流 ・お互いの行事への参加・交流 ・保育所児童保育要録の送付
⓯特色ある保育	・障害児保育 ・○○特別支援学級との交流 ・○○デイサービスセンターとの交流
⓰地域行事への参加	・地域の「○○祭り」への参加（子ども御輿担ぎ） ・地域の「子育てフェスティバル」に参加

❾健康支援：子どもたちの健康を守ることは、もっとも重要なことである。日々の健康状態はもとより、継続的に心身の状態を把握し、健康の増進を図ることが必要であることが理解できる。保育所には嘱託医が必ず配置されている。年に2回の内科検診や年1回の歯科検診などが行われる。感染症などの情報や、予防接

種などの情報も保健だよりなどを通じて保護者に知らせる役割もある。

　また、健康は身体だけでなく**心の健康も重要**である。子どもが適切に家庭で養育を受けているかどうかは、子どもの状態から推し測ることもできるのである。異常が認められたときの対応とは、病気やけがの場合もあるが、**不適切な養育が疑われた**場合にもその対応方法を明確にしておくことなのである。

❿**環境・衛生管理**：子どもたちの生活の場は、衛生的で安全でなくてはならない。とくに低年齢児の環境においては、衛生面には注意を払う必要がある。感染症などの広がりを防ぐことや職員自身が感染源にならないような予防や注意も大切になる。毎日の清掃や点検がおざなりにならないよう、**定期的に客観的なチェック機能**をもつことも必要になるのである。

⓫**安全対策・事故防止**：子どもたちの安全を守るには、日ごろからの訓練が大切である。2011年（平成23）3月の東日本大震災以後、とくに見直されてきているのが、安全対策である。月に一度の訓練が、「訓練だから」とただ行っていればよいというものにならず、職員がとっさに正しい情報を得て判断し、行動できる訓練となるようにしていくべきである。さまざまな時間帯に、予告なしの訓練を行い、**園全体で子どもの安全確保**ができる力をつけていけるように計画するのである。

　また、日ごろの「**ヒヤリハット**」を検討し、職員全員が、事故防止に努めることも必要であることがわかる。

⓬**保護者、地域への支援**：保育所に通う保護者への支援は、それぞれの保護者理解から始まり、その保護者のニーズによって対応していくのであるが、指導的な対応よりもともに考えていくという、**パートナーシップをもってかかわる**ことが重要である。この園では、いつでも相談に応じられる体制をつくっている。

　また、地域の子育て家庭に対しては、前述の「地域の実態」の項目にあるように、子育て支援センターを運営し、さまざまな地域向けの保育を行っていることがわかる。**地域に開かれた保育所**であることや、地域の子育て家庭にも保育所の子育てのノウハウを提供しようという姿勢があらわれている。

⓭**研修計画**：保育所の保育者は、毎日の保育の慌ただしさ、忙しさに追われてなかなか自分の保育を振り返ることができないものである。しかし、子どもの発達を支援し、保護者とともに、よりよい子育てを行うためには、保育者にはより高度な専門性が求められているのである。

　保育者の資質の向上が、保育の質を高め、子どもや保護者への的確な支援と結びつくのである。**個人個人が自ら研鑽（けんさん）しようという意識**をもつこと、園全体でも自己評価をしていこうということが必要である。研修計画が実施されるだ

けではなく、実践にあらわれることが重要である。

❹**小学校との連携**：保育所の子どもたちが小学校へ就学するときには、子ども自身が不安を少なく、期待を大きくもって1年生になってほしいものである。年長児になったころから、地域の小学校との交流を多くもつことが行われる。**子ども同士の交流**にとどまらず、**職員同士の交流**や、授業や保育の内容の相互理解ができるとよい。**学童保育との交流**も重要である。

❺**特色ある保育**：A保育園の例では、障害児保育が示されている。障害児保育は、最近では決して特別な保育とはいえないが、あえてあげているのは、とくに力を入れているということである。地域にある高齢者施設や障害のある子どもとの交流もあげられている。幼児のころから、さまざまな人たちがいることが当たり前の生活を通して、人それぞれの違いを認めることを重要視していることがうかがえる。

❻**地域の行事への参加**：保育所の子どもたちが、地域の行事に参加することは、地域の住民としてその地域の文化を知り、経験を広げることにもなる。そしてその文化を次世代につなげていくことにもなるのである。

　また、行事などでの地域の人々との交流は、保護者同士や保護者と地域の人たちとの人間関係を広め、地域での顔見知りの関係が、お互いが困ったときに助け合う関係へとなり、街づくりへつながることもある。

　以上のように、全体的な計画の内容について、一般的なA保育園の例をもとに各項目ごとに詳しく述べてきた。「保育理念」から「地域の行事への参加」までの16項目を振り返ると、**保育所の内容そのものであることが理解できる**。全体的な計画をより深く読み解き、学ぶことは、その保育所が、どのような想いをもって、地域のなかでどのような役割を果たしているかがわかり、そのなかで働く**保育者の仕事**も自ずと想像ができるであろう。

2. 保育所の指導計画

（1）指導計画の種類

　指導計画とは、全体的な計画をもとに、より子どもの姿に即した具体的な活動の計画であり、日々保育を高めていく手がかりとなるものである。子ども一人一人が生活のな

かで、必要な体験ができるように見通しをもって作成され、具体的なねらいと内容、環境の構成、予想される活動、保育者の援助などで構成されている。

　指導計画にはさまざまな種類があるが、まずは長期的指導計画と短期的指導計画の２つに分けることができる。長期的指導計画には、年、期、月の計画がある。これらは、年間指導計画、期の計画、月案などといわれている。短期的指導計画には、週案、日案がある。それぞれについては、第６章において具体的な作成の方法が示されている。ここでは、一般的な指導計画の内容を学ぶ。

（２）年間指導計画

　年間指導計画について図表４をもとに解説していく。98ページに示した図表４は、A保育園の４歳児の年間指導計画である。

　年間指導計画は、それぞれの**年齢別のクラスの１年間の保育の計画**である。全体的な計画は園に１つであるが、年間指導計画は、おおむね、その園のクラスの数だけあることになる。全体的な計画の各年齢の「**ねらい**」と「**保育の内容**」がより具体的に示されている。

　A保育園の４歳児クラスの年間指導計画の例であるが、まず、図表２（92ページ）の４歳児〜５歳児の子どもの保育目標を振り返ってみると「生活に必要なことがわかり、自分から取り組むようになる」「友だちとのつながりが深まるとともに、葛藤も経験し、相手の気持ちに気づいたり、自分の気持ちを抑えることを学ぶ」とある。４歳児が１年を通じて、身のまわりのことができるようになり、友だちと遊ぶことが楽しくなる姿が想像できるであろう。

　図表４の４歳児の年間指導計画は、全体的な計画の目標や内容をもとにしながら、１年間を期ごとに子どもの姿を予想し、その姿に合わせてねらいが立てられている。

　「**友だちとのかかわり**」を例に見ていくと、Ⅰ期では、ねらいには「**保育者や友だちと好きな遊びを見つけて楽しむ**」である。Ⅱ期では「**友だちとのかかわりを広げながら夏の遊びを十分に楽しむ**」となっている。Ⅲ期では「**友だちと一緒に一人一人の思いや考えを共有し合って遊び、集団活動を楽しむ**」で、Ⅳ期になると「**友だちとのかかわりを深めながら意欲的に集団活動をする**」となっている。１年間を通じて友だちとのかかわりが深まっていく様子が「ねらい」からも理解できる。

　そしてその「ねらい」を達成するためにどのような生活や遊びが必要となるのであろうか。その内容が「保育の内容」である。Ⅰ期のねらいである「保育者や友だちと好きな遊びを見つけて楽しむ」ことができるには、その保育内容として、一人一人の「好きな遊び」が生まれてくるように、さまざまな遊びの提供や、保育者も一緒に遊ぶことや、

図表4　年間指導計画の例（A保育園の4歳児クラス）

年間目標	○保健的で安全な環境を整え、一人一人の欲求を十分に満たし、快適に生活できるようにする。 ○友だちとのかかわりを深めながら、集団で遊ぶ楽しさを味わう。	
期	Ⅰ期（4～5月）	Ⅱ期（6～8月）
子どもの姿	○新しい生活によろこびや、不安や緊張も感じている。 ○少しずつ生活に慣れ、身のまわりのことを自分でしようとする子どももいるが、手助けを必要とする子どももいる。 ○気の合う友だちと遊びを楽しんでいる。	○園の生活に慣れ保育者や友だちと遊びを楽しんでいる。 ○夏の遊びを楽しめる子どももいるが苦手な子もいる。 ○友だちとのかかわりも増えてきたがトラブルもある。 ○栽培物に関心をもち収穫を楽しみにしている。
ねらい	○新しい環境に慣れ、身のまわりのことを自分でしようとする。 ○**保育者や友だちと好きな遊びを見つけて楽しむ。**	○必要な生活習慣を自分から行おうとする。 ○**友だちとのかかわりを広げながら夏の遊びを十分に楽しむ。** ○食物の栽培や収穫を通して、さまざまな食べ物を味わう。
養護・教育〔健康　人間関係　環境　言葉　表現〕	○健康で安全な環境をつくり、一人一人の欲求を満たし、情緒の安定を図る。 ○生活の流れがわかり、身のまわりのことを自分でしようとする。 ○保育者や友だちと好きな遊びを楽しむ。 ○春の自然や身近な動植物に興味をもち、ふれたりして遊ぶ。 ○生活のなかで必要なあいさつをする。 ○自分がしたいことや、してほしいことを伝えようとする。 ○絵本や紙芝居などを楽しむ。 ○季節の歌を歌ったり体を動かして遊ぶ。 ○身近な素材を使って描いたりつくったりする。	○一人一人の健康状態を把握し、暑い時期には休息を取りながら元気に過ごせるようにする。 ○健康な生活の過ごし方を知り、水分補給・着替えなどを自分でしようとする。 ○友だちと一緒にプールや水遊びなど、夏の遊びを思いっきり楽しむ。異年齢児ともかかわって遊ぶ。 ○梅雨や夏の自然に関心をもつ。水、土、泥など、さまざまなものにふれ、夏の遊びを十分に楽しむ。 ○夏の野菜の成長に関心をもち収穫したり食べてみる。 ○経験したことや思ったことを保育者や友だちと話す。 ○絵本や図鑑に親しみ、見たり聞いたりして楽しむ。 ○歌ったりリズムに合わせて体を動かすことを楽しむ。 ○行事に必要なものをつくったり、つくって遊ぶ。
環境構成	○生活の流れや生活に必要なものの場所がわかるように表示をする。 ○好きな遊びが選べるようにコーナーを設ける。	○梅雨期や夏期に室内環境を整え、水分補給や休息にも配慮し健康に過ごせるようにする。 ○気温に合わせて夏の遊びができるように場や用具を整える。
援助と配慮	○一人一人の状態に合わせて生活の仕方を知らせる。 ○一人一人の気持ちを受け入れながら、かかわりを多くもつ。	○保育者も子どもと一緒に夏の遊びを楽しみ共感する。 ○夏の遊びを通して異年齢児との交流が楽しめる工夫をする。
食育	○楽しく食事をするなかで、さまざまな食べ物に興味をもつ。 ○野菜などの栽培を通して成長を感じる。 ○調理活動を通して、食物への興味・関心を高める。 ○行事の食べ物を知り、友だちと楽しく食べる。	

○身近な環境にかかわることを通して、経験したことや感じたことを自分なりに表現する。
○食物の栽培や収穫を経験するなかで、地域の人々との交流を経験する。

Ⅲ期（9〜12月）	Ⅳ期（1〜3月）
○身のまわりのことを自分からしようとしたり、保育者の手伝いをよろこんでする。 ○ルールのある遊びが楽しくなっている。 ○友だちと一緒に表現することを楽しんでいる。	○保育者に見守られて安心して生活をしている。 ○友だちと意見を言い合い、工夫して遊びを進めていくことを楽しんでいる。 ○年長児とかかわるなかで憧れをもっている。
○戸外で思いっきり体を動かす活動を通して、友だちと協力して遊ぶ楽しさを味わう。　○友だちと一緒に一人一人の思いや考えを共有し合って遊び、集団活動を楽しむ。　○季節の変化に気づき興味や関心をもつ。	友だちとのかかわりを深めながら、意欲的に集団活動をする。 ○基本的な生活習慣が自分でできるようになる。 ○年長になる期待やよろこびをもつ。
○季節の変化に応じて、安全で快適な生活ができるようにする。 ○保育者や友だちとの信頼関係を基礎にして、子どもが安心して自分の気持ちを表現できるようにする。 ○積極的に体を動かし、運動遊びのおもしろさ、楽しさを味わう。 ○保育者や友だちとルールのある遊びを楽しむなかで、自己主張をしたり、友だちの意見を聞いたりしながら、かかわりを深める。 ○自然物で遊ぶなかで、数、量、形、色などに興味をもつ。 ○地域の人たちとの交流を楽しむ。 ○音楽に合わせて歌う、踊る、楽器を鳴らすなどして楽しむ。 ○友だちと一緒に、さまざまな場面で表現することを楽しむ。	○健康状態を把握し、温湿度などの室内環境に留意し、快適な生活ができるようにする。 ○一人一人の思いを受け止め意欲的に生活ができるようにかかわる。 ○冬の健康な過ごし方を知り、体づくりに関心をもつ。 ○友だちと意見の交換をしながら遊びを進める。 ○年長児の当番活動を見たり、一緒にしてみる。 ○雪、氷、霜などにふれ冬の自然に関心をもつ。 ○共通の話題について話し合うことができる。 ○絵本やお話などから、言葉のおもしろさを知る。 ○自分で考えたものを描いたりつくったりして、さまざまな表現をして楽しむ。
○一人一人の体力や運動能力を考慮し、楽しみながら体を動かす遊びを工夫する。 ○一人一人がのびのびと表現できるような教材や、素材などを十分に整える。 ○保育者も集団の遊びに参加し、仲間意識を高められるよう、見守りかかわる。 ○子どもが考えたり、工夫したことを大切にし、十分に認めて自信につなげる。	○好きなことややりたいことができる場所と時間を確保する。また、集団遊びのできる場や用具を整える。 ○行事に向けて、さまざまなものがつくれるように十分な素材や用具を用意する。 ○一人一人の成長を認め、子どもが年長になるよろこびが感じられるようにかかわる、一人一人ががんばったことをほめ、自信につなげていく。
家庭との連携　○日々子どもの様子を連絡帳や送迎時に伝え、発達や成長などお互いに伝え合い、ともに理解し合う。	地域との連携　○散歩に出かけ地域の人たちと交流する。また食育活動を地域の生産者との交流を通して行う。

環境の設定（好きな遊びが選べるようにコーナーをつくるなど）が示されている。

　年間指導計画には、期ごとに「ねらい」と「保育の内容」および「環境構成」や、「保育者の援助」が示されることとあわせて、4歳児が1年間を通じて行う食育活動や家庭との連携についての基本的な考え方、地域との連携についても明記されている。

　この4歳児の年間指導計画はA保育園の例として簡略化されている部分もあるが、一般的なものとして読み説いてほしい。年間指導計画は、その年齢の子どもたちの1年間の成長・発達とその年齢のクラスの保育がすべてあらわされているともいえるのである。しかしながら、保育が1年間すべて計画通りに進むとは限らない。期ごとに振り返り修正を加えていくことも頭においてほしい。

（3）月間指導計画の内容

　4歳児の年間指導計画を見てきたが、その年間指導計画をもとにした月の指導計画について説明する。年間指導計画は大きく期ごとに分けて内容が示されていた。月間指導計画はその名の通り、月ごとの指導計画である。月案ともいわれている。

　さて、先ほどの4歳児の年間指導画をもとに立てられた、4月の月間指導計画の例を見てみよう。4月の「ねらい」は、

　　○新しい環境に慣れ安心して生活できるようにする。
　　○春の自然にふれ、保育者や友だちと好きな遊びを楽しむ。
　　○身のまわりのことを自分でしようとする。

である（102ページの図表5参照）。

　図表4　年間指導計画のⅠ期（4～5月）のねらいである「新しい環境に慣れ、身のまわりのことを自分でしようとする」「保育者や友だちと好きな遊びを見つけて楽しむ」がもとになっていることが理解できる。そして、図表5の保育の内容も「保育者や友だちと好きな遊びを見つけて楽しむ」と、年間指導計画のⅠ期の内容にあるが「好きな遊び」とは何を指すのだろうか。

　4月の保育の内容や環境構成をみてみると、「さまざまな遊びのコーナーの設定」「絵本・ままごと・ブロック・お絵描き・パズル・制作」などと具体的に示されている。また、園庭の固定遊具や自転車・砂場なども示されている。

　つまり年間指導計画のⅠ期の部分が、4月と5月に分かれて、より詳しく具体的になった計画であることがわかる。月間指導計画は、そのクラスの子どもたちがその月をどのように過ごすかをあらわしているといえる。そして子どもたちが4月のねらいであ

る「安心して生活ができる」ために、保育者が行う環境構成や一人一人の子どもへの援助も詳しく表記されている。また、行事や保護者との連携、地域との連携、食育活動なども保育者が行うこととして計画されている。

　４月の月間指導計画は、４月が終わるころに保育を振り返ると同時に計画も見直されるものである。反省・評価の欄はそのためのものである。そして４月の終わりに保育にかかわった職員が振り返り、一人一人の子どもの成長や発達を認め、保育者の援助や環境構成の反省をもとに、５月の月間指導計画を立案することになる。

（４）異年齢児混合保育の月間指導計画

　異年齢児混合保育の月間指導計画の例をみてみよう。これまでは、４歳児クラスの年間指導計画と４月の月間指導計画の例をみてきた。多くの保育所は、年齢別のクラスになっているが、最近では異年齢児混合のクラス編成になっている保育所も少なくない（104ページの図表６参照）。

　異年齢児混合とは、文字通り異なる年齢の子どもたちが１つのクラスを構成していることをいう。多くの場合には、３歳児・４歳児・５歳児が、それぞれ混ざり合って１つのクラスとして生活している。「縦割保育」といわれることもある。

　保育所保育指針では、「第４章　保育の計画及び評価」のなかで、「指導計画の作成上特に留意すべき事項」としても、次のように取りあげられている。「異年齢で構成される組やグループでの保育においては、一人一人の子どもの生活や経験、発達過程などを把握し、適切な援助や環境構成ができるよう配慮すること」。

　異年齢児混合保育の特徴とは、どのようなことであろうか。年齢別のクラスでは、同じ年齢の友だちばかりであるが、異年齢児混合の場合は、「いろいろな違いのある友だちがいること」の気づきがあり、そのことを受け入れることができる。また、その「いろいろ違いのある友だち」とかかわる力も育ってくるのである。

　そのかかわりによって、年上の子どもに甘えたり、あこがれたり、年下の子どもをかわいがったりなど、きょうだいのような体験をすることも多い。また、年下の子どもを手助けしたり、教えたり、やさしくすることを通じて、子どもが自信をもつ経験となったり、意欲をもって遊びに挑戦する姿をみせたりするのである。

　４月の指導計画例を見てみると、予想される活動に、「進級したことをよろこび、新入児や年下の子どもの手伝いをしようとする」とあり、保育者の援助や配慮には「異年齢のクラスでは生活の仕方の個人差が大きいので、一人一人のペースや能力に応じて声をかけたり援助する」「異年齢児とかかわりたいが気持ちが伝わらないときは、保育者が仲立ちとなり、伝えていく」など、異年齢の子ども同士のかかわりを重視し、さまざ

図表5　月間指導計画の例（A保育園の4歳児クラス）4月

子どもの姿	○新しい生活に期待や不安、緊張をもっている。 ○身のまわりのことを自分でしようとする子どもや、手助けを必要とする子どももいる。 ○友だちと好きな遊びを楽しむ子どもや保育者を頼っている子どももいる。	ねらい	○新しい環境に慣れ安心して生活できるようにする。 ○春の自然にふれ、保育者や友だちと**好きな遊び**を楽しむ。 ○身のまわりのことを自分でしようとする。
	保育の内容		環境構成
養護・教育〔健康　人間関係　環境　言葉　表現〕	○一人一人の健康状態や生活リズムを把握し、一人一人に合った健康的な生活の仕方を伝えていく。 ○一人一人の気持ちを受け止め、ていねいにかかわるなかで信頼関係を築いていく。 ○新しい生活の仕方を知り、自分でできることは少しずつやってみる。 ○保育者や友だちと一緒に好きな遊びを見つけて楽しむ。 ○春の自然のなかで、植物や身近な小動物にふれる。 ○したいことやしてほしいことを保育者に伝えようとする。 ○生活のなかで必要なあいさつをする。 ○絵本や紙芝居を楽しむ。 ○身近な素材で自由に描いたりつくったりする。 ○歌を歌ったり、音楽に合わせて体を動かす。		○新しい環境に親しみがもてるような誕生表や室内の装飾を工夫する。 ○生活の流れや用具の場所、使い方がわかるように絵などで表記しておく。 ○明るく清潔な保育室を心掛け、室内環境を整える。 ○さまざまな遊びのコーナーを設定する（絵本・ままごと・ブロック・お絵描き・パズル・制作コーナーなど） ○園庭にでたり、近くの公園など散歩にでる機会を多く設ける。 ○自然に会話が弾むように保育者が話しやすい機会や雰囲気づくりをする。 ○保育者が積極的にあいさつをする。 ○自由に描いたりつくったりできるように素材や用具を用意する。 ○親しみのある歌や体操の曲を用意しておく。
地域との連携	○散歩で出会った地域の人やお店の人とあいさつをしたり、話をする。	食育	○楽しい雰囲気のなかで食事ができるように場の設定などを工夫する。

家庭との連携	○連絡帳はもとよりなるべく送迎時に、直接子どもの様子を伝え合いながら、信頼関係を築いていく。 ○クラスだよりや園だよりなどでも子どもの様子や子育てについての情報をわかりやすく伝えていく。 ○緊急時の連絡方法の確認をする。	行事	○入園式 ○進級式 ○誕生会 ○身体測定 ○避難訓練

予想される子どもの活動	保育者の援助と配慮
○新しいクラスの部屋、担任や友だちの名前を知り、生活の仕方を知る。 ○進級したよろこびを味わいながら生活する。 ○新しい環境に少しずつ慣れ、自分でできることはやってみようとする。 ○好きな遊びを保育者や友だちと楽しむ。 ○園庭にある草花や虫に興味をもち、探したり集めたりする。 ○園庭で体を動かしたり遊具を使って遊ぶことを楽しむ（固定遊具・自転車・砂場遊びなど）。 ○保育者や友だちとの散歩を楽しむ。 ○生活のなかで必要なあいさつや自分の思いなどを、自分から言葉であらわす。 ○保育者や友だちとの会話を楽しみ自分が経験したことなどを話し聞いてもらえるよろこびを感じる。 ○絵本や紙芝居を友だちと一緒に見ることを楽しむ。 ○表現したいときに自由に描いたりつくったりする。 ○友だちと好きな歌を歌ったり体を動かして楽しむ。	○一人一人の状態を把握し、それぞれに合わせて、温かく子どもを受け入れ、安心して過ごせるようにかかわる。 ○不安や緊張が強い子どもには、気持ちを受け止め、個々に応じて援助をしながら、見守っていく。 ○生活の仕方を伝えながら、自分でできることをやろうとする気持ちを育てていく。 ○安心して遊びに入れない子どもなどには、仲立ちをしたり一緒にいることで、気持ちの安定を図り、徐々に遊びに誘ってみる。 ○保育者も子どもとともに遊び、楽しさを共感したり、遊具の使い方や遊びのルールを伝えていく。 ○身近な子どもの発見や気づきを認めて、共感する。 ○一人一人が自分の言葉で伝えようとすることを認めながら、一人一人に耳を傾ける。 ○友だち同士の会話が楽しくなるように仲立ちをしながら、一人一人が十分に話せるようにかかわる。 ○子どもの表情や言葉を受け止め共感しながら絵本や紙芝居を読む。 ○子どもの自由な表現を認めて共感する。 ○保育者も一緒に歌ったり体を動かすなかで楽しさを伝える。

反省評価	○一人一人の子どもが新しい環境に慣れ、安心して生活できるように援助できたか。 ○春の自然にふれ、それぞれ好きな遊びが楽しめるような環境構成ができたか。 ○身のまわりのことを自分でできるように援助できたか。 ○一人一人の保護者とのかかわりはよく取れていたか。

図表6　異年齢児混合保育の月間指導計画の例（4月）

子どもの姿		
	3歳児	新入児のなかには保護者から離れられない子どももいる。進級児も落ち着かない様子が見られるが、好きな遊びを保育者と一緒に楽しんでいる。
	4歳児	進級したことをよろこび、友だちと好きな遊びを楽しんでいる。
	5歳児	年長児になったことをよろこび、保育者の手伝いや、年少児の世話をすることを楽しみながら行っている。気の合う友だちとゲームやボール遊びを楽しんでいる。

保育の内容

養　護	教　育（健康・人間関係・環境・言葉・表現）
○一人一人の健康状態や家庭状況を把握し、徐々に安定して園生活が過ごせるように個別にていねいにかかわる。 ○新しい環境に不安を感じている子どもの気持ちを受け入れ、保育者が寄り添いながら安心して過ごせるようにする。	○新しい生活の仕方や流れを知る。 ○保育者や友だちに手伝ってもらいながら、身のまわりのことをしようとする（3歳児・新入児）。 ○新入児や年少児に親しみをもってかかわったり、手助けをする（年中児・年長児）。 ○道具や用具などの使い方を知り、体を動かして遊ぶ。 ○保育者や友だちの名前を覚え、一緒に遊ぶことを楽しむ。 ○保育者とともに小動物や草花に親しみをもつ。 ○保育者や友だちと一緒に歌を歌ったり、手遊びやリズムに合わせて踊ったりして楽しむ。 ○好きな遊びをみつけて楽しむ（絵本・積み木・ブロック・ままごと・お絵描き・砂場・固定遊具・ボールなど）。 ○身近な材料で好きな絵を描いたり遊ぶものをつくったりする。

食育

○楽しい雰囲気のなかで、保育者や友だちと食事をする。
○食事の環境を整える。
○一人一人の食事の量や嗜好を把握し保育者も一緒に会話しながら楽しく食べる。

保護者との連携

○送迎時や連絡帳で、子どもの様子を伝え合い信頼関係を築いていく。
○入園式や懇談会で園の方針をわかりやすく伝える。
○緊急時の連絡を確認しておく。

地域との連携

○散歩などで出会った地域の人やお店の方々とあいさつをしたり話をする。
○公園などで出会った子どもやその保護者と一緒に遊んだり話をする。

職員間の連携

○その日の生活の流れや一人一人の子どもについての配慮について共通理解を図る。
○他職種（看護師や栄養士）との連携を密にし、一人一人の子どもの理解を深める。

4月ねらい	○新しい環境に慣れ安心して過ごす。 ○保育者や友だちと一緒に好きな遊びを楽しむ。 ○春の自然に触れ、身近な動植物とかかわり親しみをもつ。 ○年長児になったよろこびをもち、進んで生活や遊びに取り組む（年長児） ※一人一人の子どもの気持ちを受け止めながら信頼関係を築くようにかかわり、子どもが心身ともに安定して過ごせるようにする。	
	1週・2週	3週・4週
行事	○入園式　○進級式	○身体測定　○避難訓練　○誕生会　○懇談会
ねらい	○新しい環境に慣れ安心して過ごす。 ○生活の流れや約束事を知る。	○春の自然にふれ、身近な動植物に関心をもつ。 ○友だちと一緒に戸外で体を動かして遊ぶ。
環境構成	○進級児には慣れ親しんだ自分のマークや、自分のものを置く場所は同じところにし、安心感がもてるようにする。 ○安心してくつろげるスペースをソファやカーペットを利用して設ける。 ○好きな遊びを楽しめるようコーナーをつくったり、遊び慣れた遊具を自由に使えるようにする。	○好きな遊びが十分に楽しめるように、子どもの様子をみながら、遊具を入れ替えたり整理する。 ○異年齢の友だちとの散歩を楽しめるように、園の周辺のコースや、自然の様子を調べておく。 ○絵本や図鑑を用意しておき、動植物への関心が深まるようにする。 ○戸外遊びが十分にできるように、巧技台やボール、ライン引きなどを用意しておく。
予想される活動	○生活の流れや仕方がわかり、自分でしようとする。 ○進級したことをよろこび、新入児や年下の子どもの手伝いをしようとする。 ○保育者や友だちと一緒に好きな遊びをする。 ○園生活の約束を知り、守ろうとする。 ○歌や手遊びなどを友だちと楽しむ。	○友だちや保育者と戸外でのびのびと体を動かして遊ぶ（固定遊具、鬼ごっこ、ボール、散歩）。 ○自然物を集めたり、遊びに取りいれたりして楽しむ（砂遊び、ままごと、お店屋さんごっこ）。 ○戸外遊びや散歩を通して、自然の様子など関心をもち保育者にたずねたり、図鑑で調べたりする。 ○好きな遊びや好きな場所ができ安心して遊ぶ。
保育者の援助・配慮	○異年齢のクラスでは生活の仕方の個人差が大きいので、一人一人のペースや能力に応じて声をかけたり援助する。 ○異年齢児とかかわりたいが気持ちが伝わらないときは、保育者が仲立ちとなり、伝えていく。 ○一人一人に気持ちを向けてていねいにかかわる。	○子どもと一緒に遊びながら、異年齢児での遊びが楽しくなるように、かかわりの仲立ちをしたり見守る。 ○経験したことや思っていること、発見したことなどを話したい気持ちを受け止め一人一人の気持ちに共感する。また子ども同士でも聞けるように仲立ちをする。
評価　反省	○一人一人の気持ちを受け止め子どもが安心して生活できるように援助できたか。 ○環境に慣れ、自分の肢体遊びを保育者や友だちと楽しめていたか。	

まなかかわりのなかで、子どもたちが育っていくことを願っている保育であることがあらわれている。

また、異年齢児の保育では、さまざまな場所で、さまざまな年齢の子どもたちが自由に遊ぶ形態も多く、より職員同士の連携が必要となり、「職員間の連携」の項があることも理解できよう。

（5）年間の食育計画について

保育所保育指針の第3章には、次のように記されている。「2 食育の推進 （1）保育所の特性を生かした食育）ウ　乳幼児期にふさわしい食生活が展開され、適切な援助が行われるよう、食事の提供を含む食育計画を全体的な計画に基づいて作成し、その評価及び改善に努めること。栄養士が配置されている場合は、専門性を生かした対応を図ること」。

ある保育所の年間の食育計画の例を見てみる（図表7）。食育の計画は、全体的な計画のなかに位置づけられることが多いが、別立てになっている保育所もある。この保育所では、「年間食育計画」として作成されている。1年間の目標「楽しく食べる」「正しい食習慣」「健康な体をつくる」「食べ物に対して親しみをもつ」が示され、各年齢のねらいが明記されている。その他、子どもたちが経験する活動が月ごとに予定され、家庭に対する情報提供、保育者の配慮、栄養士、調理師の配慮も記載されている。この食育の年間計画は、全体的な計画に沿ってつくられており、この食育計画がもととなり、各年齢の年間指導計画の「食育」や月間指導計画の「食育」となっていくのである。

全体的な計画は、基本的には、保育所の職員全員で作成するものである。年間指導計画や月間指導計画は、そのクラスの担当保育者が作成する。食育計画は、給食についてだけのことではなく、栽培や、調理活動など保育にかかわる活動も多く取り入れられるものであることから、栄養士あるいは調理師と保育者が協力して作成していくものであることがわかる。

（6）個別の指導計画について

指導計画を個別に作成する理由は、0・1・2歳児の保育では、成長の個人差や特性に適したかかわりが求められるためである。3歳以上児についても、個の成長や特性に配慮することには変わりないが、それらに加えて、社会性・集団性の面を注視した保育が必要になっていくため、個人に即した指導計画を準備することが望ましい。これらのことは、保育所保育指針「第1章　総則　3 保育の計画及び評価　（2）指導計画の作

図表7　年間食育計画の例

目標	楽しく食べる　　正しい食習慣　　健康な体をつくる　　食べ物に対して親しみをもつ			
	I期～II期（4月～8月）		III期（9月～12月）	IV期（1月～3月）
ねらい	保育所の食事に慣れる。衛生面に関心をもつ		多くの食品に親しむ	食事を楽しむ
0歳クラス	・一人一人の生活リズムに合わせて食事をする ・食器や哺乳瓶に慣れる ・離乳食をよろこんで食べる	・生活リズムが安定し食事時間が安定する ・口や手を嫌がらずにふいてもらう。 ・個々に応じコップを使用 ・手づかみで食べる	・手づかみで自分で食べようとする ・発達に応じて幼児食に移行	・手づかみで食べたり、スプーンやフォークを使って食べようとする
1歳クラス	・新しい環境のなかでの食事に慣れる ・自分で手や口をふく ・食事のあいさつをする（しようとする）	・自分の食べ物とほかの子どもの食べ物の区別ができる ・手助けされながら、スプーン、フォークを使って食べる	・食事の前後に口や手を自分でふこうとする ・いろいろな食品や調理方法に慣れる	・友だちと食べる楽しさを知る
2歳クラス	・食事の前に手を洗う ・食前食後のあいさつができる ・こぼしながらも自分で食べようとする	・食後の口ふき、口のなかの清潔に気をつける	・苦手なものでも促されて食べようとする ・スプーンとフォークを使って一人で食べる ・食器を持って食べる	・友だちと楽しく食べる ・食べ物の名前を知る
3歳クラス	・手洗いや食事の準備、後片づけをする ・食前食後のあいさつ	・手を洗う ・こぼすことがなくなり一人で食べる	・食べなれないものや、苦手なものでも食べようとする ・箸をつかって食べようとする	・楽しい雰囲気のなかでいろいろな食べ物を食べようとする ・簡単な料理の名前がいえる ・給食の配膳の手伝いをする
4歳クラス	・手洗いや食事の準備ができる。食前食後のあいさつができる ・食後の後片づけができる ・食事の簡単な当番をする	・手洗いの必要性を知る ・食後の口腔内の清潔に気をつける	・食べられないものや、苦手なものも食べようとする ・箸を正しく持って食べようとする	・友だちと一緒に食事をしたり、いろいろな食べ物を食べる楽しさを知る ・食事の仕方が身についてくる ・簡単な料理の名前を覚える
5歳クラス	・手洗いや食事の準備ができる。食前食後のあいさつができる ・食後の後片づけができる ・食事の簡単な当番をする	・うがいや手洗いの意味がわかる ・食後の口腔内の清潔に気をつける	・体と食べ物の関係に関心をもつ ・苦手なものでも食べることができるようになる	・食事をすることの意味がわかり、楽しんで食事や間食をとる ・友だちと一緒に食事の仕方が身につく

	4月	5月	6月	7月	8月	9月	10・11月	12月	1月	2月	3月
食育子ども	野菜を育ててみよう　ピーマン、ミニトマト、へちま		じゃがいも掘り　箸の持ち方	七夕　とうもろこしの皮むき　枝豆もぎ	とうもろこしの皮むき　枝豆もぎ	月見団子づくり	さつまいも掘り	ケーキづくり	餅つき	節分	ひな祭り　お別れ会
		そら豆のさやだし									
食育家庭	離乳食説明会	保護者会	歯科検診　食中毒について	水分のとり方について			給食試食会　保育参加	給食試食会　風邪予防			新入園児説明会
食育地域	通信（お便り）に食に関する情報をのせる				夏祭り	1・2歳児の食事についてのお話会						
配慮事項	食前食後のあいさつを促す ゆったりとした雰囲気で食事ができるようにする		手洗い、口のすすぎなど年齢に応じた援助をする 暑さに負けない体づくり 収穫物を通して食べ物の大切さを知らせる			食べ物と健康の関係を知らせる 調理保育を通して食事に対する興味を養う			寒さに負けない体づくり 望ましい食習慣について知らせる 調理することを楽しむ		
献立作成調理上の留意点	・食べなれたものを中心に個々に食べられる量を配慮する ・3歳以上児の主食の量に気をつける ・新3歳児には量や切り方にも配慮する ・1・2歳児は献立によっては幼児と別に食べやすさを考え調理する ・離乳食の喫食時間は柔軟に対応する（一人一人発達に見合った調理形態にする） ・旬の食材を取り入れ、季節感のある献立を考える ・和食や伝承料理をとりいれながら子どもたちに伝えていく 　・衛生面に気をつけ加熱や冷却をしっかり行う 　・水分の補給に気をつける 　・作業工程に留意し調理する"					・食欲が増す時期なのでいろいろな食材や調理法を献立に入れる ・寒くなるので適温配食をする ・温かい料理の献立を立てる ・風邪や下痢嘔吐などの症状に適切な対応を行う ・リクエスト献立を取り入れる					

成」に記されている。一人一人の成育歴、子どもの相互関係と協同的活動の促進に留意することが明記されている。

　障害のある子どもについては、とくに個別の指導計画が重要になる。昨今、保育所などでは、障害がある子どもの受け入れが進んでいる。障害にもさまざまな症状と個人差があり、全職員での共通理解を図るためにも個別の指導計画が必要となる。また、障害のある子どもの場合は、保護者との連携がとても重要になる。それは、家庭での生活の様子、保育所以外の療育センター、発達支援センターなどと呼ばれる施設での状況を包含し、その子どもが歩んでいる生活のペースを崩さず、かつ成長に向けた計画を作成することが求められるからである。これらのことも保育所保育指針「(2) 指導計画の作成」に、「障害のある子どもが他の子どもとの生活を通して共に成長できるよう、指導計画の中に位置付けること」とあり、統合保育を考慮した保育内容を指導計画へ反映するよう示されている。

　ここまで述べてきたように、個別の指導計画は、子どもの具体的な情報が明記されている。様式は保育所により若干の差異はあるが、生育歴などの個人情報を載せるケースもある。そのため、個別の指導計画の取り扱いには十分に注意し、保育所外へはもち出さないようにする。また、保育室などに放置し、ほかの保護者の目にふれることがないよう細心の注意を払う必要がある。

　それでは、障害のある子どもの指導計画の例をもとに解説していこう（図表8～10）。一般的な指導計画には、年間指導計画や月間指導計画といった長期的なものと、週案・日案といった短期的なものがある。個別の指導計画についても、この両方を備える必要があるが、障害のある子どもの場合、その特性上、比較的短期的な指導計画を重視する傾向にある。理由としては、長期的な見通しが困難であるケースが散見され、対象となる子どもの細やかな支援には課題を明確にした短期的な指導計画の展開が望まれるからである。

　昨今の保育現場では、「気になる子ども」という言葉が頻繁に用いられるようになってきた。図表8は、軽度発達障害の子どもの指導計画例を載せている。この事例では、日常の保育所生活でよく行われる室内活動から戸外活動への流れについて計画を立案している。対象となる子ども（B助：5歳児）は、じっとその場に居ることに困難さを示し、軽度の多動傾向にあるとみられる。

　これまでの園生活で、折り紙製作や絵画などの室内活動の際に、B助は活動の途中でその場に座っていることが難しくなり、席を立ってほかの子どもの活動を阻害する場面が見られていた。そのため、担任保育者の意図としては、①B助が苦手とする指先を使って集中する折り紙の作業を、B助を担当する加配保育者とともに完成させて達成感を味わい、②ほかの子どもたちと同様にその後の園庭に出るまでをスムーズに移行した

図表8　軽度発達障害（知的）児の指導計画例（日案／指導案）

【年　齢】：5歳児／B助
【活　動】：折り紙製作の活動から戸外遊びまで
【ねらい】：自己肯定感…製作を通じて達成感を味わい戸外活動までスムーズに移行する。
　　　　　　感情面　…微細運動を通じ気持ちのコントロールと集中力を育み，その後の戸外での粗大運動（運動遊び）へとつなげる。
　　　　　　全体　　…小さな逸脱行動がB助の特性として形成されないよう保育する。

時間	環境構成	活動内容と予想される動き	保育上の配慮事項・環境準備等
10：10 （はじめ）	［読み聞かせ］ （T／加／B助の配置図）	保育者が絵本の読み聞かせを行う。 ・読み聞かせを見る。 ・読み聞かせの序盤または，終盤に立ち上がったり，友だちへちょっかいを出したりする様子が見られる。 ☆B助の意思を尊重しながらも読み聞かせに参加するよう促す。 折り紙製作（秋の題材／キノコ） ・保育者の見本を集中して見る。	・活動や季節に応じた絵本，うた，手遊びを行い活動への期待を高める。 ・立ち上がり，どこかへ行こうとする行動がみられる場合でも，次の活動へのイメージをもつために，なるべく読み聞かせを最後まで聞けるようにする。 ☆立ち上がりが顕著な際は，B助と集団後方や一番脇の側で見る。
10：15 （なか）	［製作時］ （加／T／机の配置図）	・折り方の説明を熱心に聞き，自分で活動に取り組む。 ・難しい箇所に直面すると机を叩いたり，折り紙を投げ捨ててしまう。 ☆B助の折り進め方を観察し，困難さが予測される箇所では声かけや援助をする。	・集中の妨げが予測される物は机上に置かない。なるべく広いスペースで折れるようにする。 ・集団机の場合，友だちの手などがぶつからないよう，座席に配慮する。 ・自身が好きな色を選べるよう，折り紙の枚数を準備する。また，破けてしまうことも考慮し，折り紙と共に気持ちが途切れないよう注視する。 ・完成した際は十分にほめ，作品を保育室のよく見える位置に掲示する。
11：00 （おわり）		製作物を集め，給食の準備を行う。 戸外遊びへ（排泄を済ませ着帽） ・外遊びへの気持ちが高まり，給食の準備不足や帽子を被ることを忘れてしまう。	・ほかの子どもが製作を先に終えて，給食や戸外遊びへの準備へ気持ちが移行しないよう，クラス全体にていねいな落ち着きをもたせる（絵本を読んで待機など）。

い、という2つのねらいがある。そのねらいには、B助が大好きな園庭で走り回る遊びに、気持ちよくつなげてほしいという保育者の想いがある。そのために、予測されるB助の行動や、想定外の動きがないように配慮し指導案を立案していく。

　落ち着きがない子どもの指導計画例（図表9）に共通することとして、対象となる子どもの想いを優先し、決して無理強いはしないという点がある。このことに注意し、保育者間で共通意識をもつことが、対象となる子どもの伸びやかな成長を阻害しないためには大切なことである。先述の通り、個別の指導計画はあくまでも対象児の健やかな成長を支援するためのものであり、保育者が「こうしてほしい」ことを計画したものではない。さらに、保育所保育指針にあるほかの子どもとの共同的活動を通じて、集団保育の場で培われる「社会性」について考慮した個別の指導計画を立案することが大切である。

　最後に、自閉スペクトラム症児の短期指導計画について解説する（112ページの図表10）。この指導計画の例は、四半期毎の対象となる子どもの支援計画である。月案よりは長期的な3か月間の幅をもたせた見通しであり、「領域等」の項目によって、対象となる子どもの具体的な状況と目標が分かりやすく書かれたものである。

　指導計画の作成にあたっての注意点の1つは、家庭（保護者）との連携である。自閉スペクトラム症は、とくに家庭での生活の流れと保育所での生活の流れに統一性やつながりをもたせることが重要になる。そのため、「家ではこのやり方をしていたのに、保育所では違うやり方を強いる」となってしまっては、対象となる子どもに混乱を誘発することにつながる。保護者と意識の共有をすること、願いなどを指導計画に反映させることが重要である。

　2つ目は、柔軟な対応と保育を心がけるということである。この例では、ある程度、長期的な目標になるため、作成当初のねらいと3か月後の子どもの姿に不一致が見られることがある。そのため、「あと1週間でパンツとズボンを自分で着脱できるようにならないといけない」と保育者が勘違いをしてしまっては、対象となる子どもの意思を無視した援助になってしまう。反対に「2か月後くらいには、要求を言葉で伝えられるコミュニケーションができそうだ」と計画した翌日に、友だちと一語文、二語文で意思表示が出来ているという場合も少なくない。いずれにしても、個別の指導計画にしばられた保育にならないよう、柔軟にゆとりをもった対応を心がけることが保育者に求められる専門性のひとつである。

図表9　落ち着きのない（気になる子ども）児の指導計画例（日案／指導案）

【年　齢】：4歳児／A男
【活　動】：運動会の練習から給食にかけて
【ねらい】：行動自立…生活訓練をいかして時間・範囲の向上を図る。
　　　　　　社 会 性…他児との関わりを喜び楽しむ。

時間	環境構成	活動内容と予想される動き	保育上の配慮事項・環境準備等
10：30 （はじめ）		保育者の「こゆびとまれ」合図で全体が集まる。 ・見ようみまねで参加する。 ☆集まりっこに興味を示さない様子であれば，加配保育者がA男と手をつないで参加を促す。	・避難訓練に応用がきくよう，遊びを通して保育者の合図で直ぐに集まる行動をとれようにする。 ・他児と同じ行動が難しい場合は，無理強いはせず部分参加でも構わない。
10：45 （なか）	[園庭] A男 子 T 加 遊具などにより事故の危険性がある場合は駆けつける T＝担任保育者 加＝加配保育者	演目の遊戯練習 ・音楽に高揚し楽しそうに声をあげる。 ・他児と一緒に練習に参加する。 ・徐々に飽きて，園庭を駆けまわる。 ☆集中が途切れた場合には，加配保育者がA男を（一定の距離を保って）見守る。 ・少し時間をおき，隊形に戻ってくる。 手洗いうがいをして保育室へ戻る	・音楽→踊るという活動は，A男のなかでつながっている。 ・当日，気分がのらない場合は，強制はしない。 ・本番用の衣装や小道具などを準備し，練習への意欲を高める。 ・練習の妨げにならいようであれば，A男が練習から外れていてもある程度容認する。 ・自主的な参加を期待する。 ☆集団行動の心地よさを伝え，本児自ら気づいてもらうよう声をかける。 ・参加できたことは十分に褒める。
11：20 （おわり）	[テーブル] 汁物 ご飯　主菜	給食の準備 ・周囲の様子を見ながらテーブルクロスやお箸セットなどを出し，給食の準備をする。 ・当番のあいさつに合わせ「いただきます」をする。	・手際が悪くても，叱らずに箸やスプーンの使い方をじっくりと伝えていく。 ・汁物の日は，こぼさないように注意して配膳する。 ☆活動の合間（節目）では，クラス全体の動きにできる限り歩調を合わせるよう促す。

図表10　自閉スペクトラム症児の短期指導計画例（四半期毎）

平成29年度第一四半期（4月～6月）
【年　　齢】：3歳児／C雄
【家族構成】：父親・母親・姉（小学1年生）と本児の4人家族。近所に母方の祖母が在住。
【そ の 他】：隔週で発達支援センターへ通い，主に言葉やコミュニケーションの療育と，就学など先を見据え
　　　　　　た支援及び，各種施設との連携について相談に行っている。

領域等	クラス	○○組	記入者（担任）	○○　○○
	本児の様子		ねらい・指導目標	
生活習慣／身辺自立	［着脱］ 自身での着脱は難しい。パンツ，ズボンの着脱の練習中で，少しずつ出来るようになってきている。 冬場（1月～3月），登園後に上着を脱ぐことを嫌がる様子がみられた。 ［食事］ 食事への意欲は高い。昼食は，園の給食は利用せず，CFGF食を保護者が用意。 本児への配慮のため，母親は園の献立と同じ内容の小麦等除去食を毎日持参する（おやつについても同様）。 箸は使用せず，スプーンとフォークで喫食する。 食事中とその後も，保育者の指示があるまで椅子に座っていることができる。 ［排泄］ トレーニングパンツへの移行期で，排尿・排便ともトイレでの始末ができる。 戸外遊び中など，夢中に遊んでいる際にも20分間隔で声かけを行う。トイレに行くことは嫌がらずに行っている。 ［健康・衛生］ 手洗いについての意識は少ない。戸外から保育室へ戻ったあとや排泄後には，一連の流れとして意識づけを行っている。		前あきのシャツは，自分で袖を通すことができるようになる。 Tシャツを自分で着てみようとする。脱ぐ際は，保育者の前に立ち，脱ぎたい意思表示を行う。 パンツとズボンを自分で着脱出来る。 しつけ箸（エジソン箸）を使用し，食べ物を挟める。 ※食事への意欲を優先し，無理な使用は避ける。 排泄の感覚を自らつかみ，自分からトイレに行くことができる。 昼食後の歯磨きを習慣化する。 ※仕上げは保育者が行う。	

領域等	本児の様子	ねらい・指導目標
コミュニケーション／社会性・対人関係	［言葉］ 不快な感情を示す際に「ウー」「アー」と表情と共に発語する。 保護者との連携で，登園時に保育者と1対1の「おはようございます」と，降園時の「さようなら」を本児なりに言うことができる。 ※その際，保育者は本児と手を繋ぎ，対面で行う。 ［子ども同士のかかわり］ 本児に対し，クラスの友だちのほうから「○○くん，おはよう」「こっちで遊ぼう」など，積極的なかかわりがみられる。	あいさつのほか，自分の要求や欲求を言葉で表すことができる。 指さしなど，ジェスチャーでの意思表示をする。 友だちとのかかわる機会を拡大する。
行動面／運動面／心理面	［遊び］ 前年度の冬期，年長児クラスにある「カルタ」と「トランプ」に興味を示し，夢中で眺めたり並べたりしていた。 運動機能に大きな遅れはみられない。戸外では元気に走り回ったり，滑り台を好む。その反面，自分のハンカチを畳んだり，お箸セットのなかからフォークを取り出したりするような微細運動は困難さを示すときがある。 ［生活行動］ 前年度後期は園生活の流れを摑むために保護者が作成したPECS（絵カード）を活用していた。進級直後であるが，自身のクラスの場所は認識している様子。園生活にも慣れているため，絵カードがなくても次の行動をおおむね理解している。 登園時，自分のクラスではなく，1度年長児の保育室へ入室してから自分のクラスへ戻り，保育者とあいさつをするという常同行動がみられる。 午睡はほとんどしない。	体験確保のため，カード以外の玩具にも触れていく。 前年度の終わりには保育室で午睡後に流していた音楽CDに興味を示す様子がみられた。そのため，以上児クラスになり，ピアノや鍵盤ハーモニカ，カスタネットなどの楽器について活動の機会を設ける。 椅子や机，ロッカーなど少し高いところに登ることを好む。机や椅子などの役割を本児へ伝え，登らないようにする。

（7）長時間の保育の指導計画について

　保育所保育指針「第1章　総則　3保育の計画及び評価（2）指導計画の作成」について次のように述べられている。「カ　長時間にわたる保育については、子どもの発達過程、生活のリズム及び心身の状態に十分配慮して、保育の内容や方法、職員の協力体制、家庭との連携などを指導計画に位置付けること」。

　現在、11時間を超えて行われる延長保育は、全国で7割以上の保育所が実施し、実施保育所数、利用時間ともに増加の傾向にある（全国保育協議会調査　2011年）。「延長保育」といえば、日中の保育よりも重要でないイメージがあるのではないだろうか。ある地域では「延長保育」のことを「居残り保育」と記されていたり、つけ足しの保育というイメージをもたれることが多々ある。実際の保育も、お迎えまでの時間を異年齢児が自由に遊び、保育者の人数も少なくなり、安全管理優先というものが多いように思われがちである。

　しかし、子どもにとっての一日の生活は、時間帯によってその保育内容が変化することはあっても重要性は変わらないものである。どの時間帯であっても子どもの育ちには保育者の適切な援助が必要なのである。

　では、延長保育における子どもたちへの援助やふさわしい環境にするための計画とはどのようなものであろうか。

　ある保育園の延長保育の指導計画の例を見てみる（図表11）。この園の延長保育は、保育者が交代で行う形になっているのだが、延長保育の週日案は、前の週の後半に、乳児の会議、幼児の会議などで、その週の延長保育の反省し（気づき・反省をもとに）、次の週日案をたてる。そしてそれぞれ、乳児クラス、幼児クラスの職員全員が理解し、自分が当番になった際に、これをもとに保育を行うこととなっている。

　とくに異年齢の混合保育になるため3歳児への配慮は大切となり、体の疲れや気持ちの動きを受け止めながらかかわることが必要である。計画には、子どもの活動・環境構成・保育者の配慮・家庭との連絡・個別の配慮などが明記されている。

　また、保育者の配慮では、延長保育時間帯は、少人数の保育者で子どもの対応や保護者への伝達など行わなくてはならず、職員の役割分担や連携が重要となることがわかる。

　延長保育とは、子どもたちが1日満ち足りた気持ちをもって、保護者と気持ちよく降園できるための、大切な保育なのであり、また明日楽しいことが待っていると期待させる保育ともいえる。そのような保育を行っていくために、延長保育の計画は必要となる。

図表11　A保育園　延長保育（幼児）の週日案の例　5月

今週の ねらい	○好きな遊びを楽しむ。 ○あいさつをし、気持ちよく降園できる。					
	月	火	水	木	金（誕生会）	土
子どもの 活動	・園庭（砂場・滑り台・ボール遊び）　・テラス（ブロック・プラレール） ・雨の場合はホールを使用し巧技台を使って体を動かす。体操をする。 ・室内　5時半以降（紙芝居・ままごと・お絵描き・パズル・絵本・粘土）					・一人一人の 好きな遊び。
環境構成	・様子を見てブランコを外す。　・4、5歳児のサッカー遊びは範囲を決める。 ・暗くなる前に保育室にコーナーを設ける（お絵描き・パズル・絵本・粘土）。 ・カーペットを敷き、横になったり座ったりできる場所もつくる。水分補給ができるようにする。					
保育者の 配慮	・とくに3歳児 の（排泄）を把 握する。	・全体をみる保育者と保護者対応をする保育者 の役割をはっきりとしておく。		・子どもの動 きや安全に 注意する。		・一人一人に ゆったりと かかわる。
家庭との 連絡	・新入児や朝ぐずっていた子どもの保護者には 必ずひと言かける。 ・担任からの申し送りを必ず確認する。		・明日の誕生 会を伝える。	・必ず帰りの 持ち物の確 認をする。		・お迎えの保 護者ともゆ っくり話を する。
個別の配慮	・3歳児（C子・D男の排泄） ・4歳児B児（自閉症）は静かな場所で好きな 絵本を見られるようにする。			・3歳児（H美） は祖母のお迎 え（毎週木曜）	・誕生児にお めでとう（E子 ・F太）	
気づき・ 反省など	（省略）					
記録者	（省略）					

（8）週日案について

　これまで見てきた指導計画は、年間指導計画、月間指導計画、異年齢児保育の月間指導計画、食育計画（月間）、個別指導計画（月間）、延長保育の指導計画（週日）である。延長保育の指導計画以外は、長期的指導計画である。

　短期的指導計画には、週案と日案がある。実習で学生のみなさんが立てるのは、この短期の計画の日案である。つまり、1日の指導計画である。しかし、現場の保育者は、日案を立てないことが多く、**週日案（週案と日案が一緒になったもの）**を作成し保育に役立てていることが多い。それはなぜであろうか。

　1日の生活の流れはすでに保育者の頭のなかにあり、そのときどきの活動や個別の配慮も毎日記載しなくても、理解しており行動に移せるからである。しかし、通常と違う日は、日案を立てることもある。行事など、いつもと違う活動や特別な配慮が必要な場合は、職員同士の共通理解をもつために作成する。

　では、週日案を見てみる（116ページの図表12）。この週日案の例は、4月の月間指導計画（102ページの図表5）をもとに、第4週の1週間を作成したものである。簡略化してあるが、その週のねらいと保育内容、環境構成・保育者の援助が記されている。4月

図表12　A保育園4歳児クラス　4月第4週の週日案の例

ねらい	○身のまわりのことを自分でしようとする。 ○春の自然にふれ、保育者や友だちと好きな遊びを楽しむ。	
	保育内容	環境構成・保育者の援助
	○友だちや保育者と会話しながら楽しく食事をする。 ○戸外から戻り手洗いやうがいを自分から進んでしようとする。 ○年長児クラスのプランターでの野菜栽培を見たり、水やりを手伝うことで、食物に関心をもつ。 ○戸外で友だちや保育者と十分に体を動かして遊ぶ(砂山づくり、ボール遊び、ドンジャン、散歩など)。 ○戸外で動植物に親しみ、春を感じる(園庭での虫探しや公園の花壇や樹木)。 ○園庭のこいのぼりや地域の家のこいのぼりを見たり子どもの日についての話を聞く。こいのぼりの歌を歌う。 ○こいのぼりを描いたりつくったりする。	○保育室やテラス、園庭など、さまざまな場所で楽しく食べられるよう設定する。テーブルクロスや、花を飾る。 ○手洗いやうがいの必要性を絵本や紙芝居で知らせ、保育者が率先して手本となる。 ○年長児のやっていることを一緒に見たり、年長児から話を聞く機会をつくる。 ○保育者も一緒になって戸外で遊ぶ。外に出たがらない子どもにも「保育者と一緒にやろう」と誘ってみる。 ○散歩では一人一人の体調や体力に配慮する。戸外で見つけたものを園に戻って調べられるように図鑑などを用意しておく。 ○子どもの日に向けて、こいのぼりづくりの材料を準備する。

	22(月)	23(火)	24(水)	25(木)	26(金)	27(土)
行事				身体測定	誕生会	
活動	・園庭で遊ぶ ・虫探し ・なかあて ・サッカー ・砂山つくり ・テラスで食事	・T公園に散歩 ・公園でかくれんぼ ・虫探し ・行き帰りにこいのぼり探し	・子どもの日やこいのぼりづくりについての話を聞く ・こいのぼりづくり ・園庭で遊ぶ	・S公園に散歩(少し長い距離を歩く) ・午睡後身体測定(コーナーで)	・誕生会に参加する ・誕生会後は園庭に出る。 ・テラスで食事	・合同保育 ・天気がよければ庭で食事
環境・配慮	・天気のよいときは極力外で遊ぶように誘う。 ・体調に気をつけ水分補給にも気を配る。	・公園で積極的に動けない子どもには声をかけ、一緒に虫探しや花探しをする。	・コーナーをつくりやりたいときにこいのぼりづくりができるようにしておく。 ・できたものは保育室に貼っておく。	・体調把握をする。 ・たくさん歩けたことをほめ、年中になったよろこびにつなげる。 ・明日の誕生会に期待をもたせる。	・誕生会の前に、話をし期待をもって参加できるようにする。 ・クラスでも食事のときにお祝いをする。	・一人一人にゆったりとかかわる。
備考	雨の日は自由に絵が描けたり、廃材で好きなものがつくれるコーナーをつくる。				誕生児(Kくん、Fちゃん)	

も終わりのころになり、落ち着いてきて散歩にも出かける機会が多くなっている。

週日案は、前の週の終わりに立てるものであり、この場合第3週の子どもの姿を振り返って、この第4週のねらいが立てられる。もちろん4月の月間指導計画ももとになっている。月曜日から土曜日までの日案は簡単な記載になってはいるが、あくまでも予定であり、その日の天候や子どもたちの健康状態、あるいは、職員の状態などから変更されることも多々あることである。その場合は、短時間での保育者同士の打ち合わせによって保育内容を決定し、実施することになる。子どもに合わせた保育をするということは、日ごろからの保育者同士の連携がとても重要なのである。

以上のように、さまざまな指導計画の内容の説明をしてきたが、次に、それぞれの指導計画の役割について述べる。

長期的指導計画は、1年あるいは、期ごと、月ごとのように長期的に見通しをもって立てるものである。つまり、長期的に「発達を見通す」という役割があるのである。そして、1年を通してあるいは、1か月を通して振り返ったときに、子どもの発達を見直すことができるものでもある。では、短期的指導計画の役割は、何であろうか。たとえば、日案は子どもにとっても保育者にとっても身近な計画である。1日の保育の計画であり、一人一人の子どもについて考えながら立てていくものである。つまり、短期的指導計画の役割は、一人一人の子どもにあった日々の生活をつくることであるといえる。

子どもたちの健やかな育ちのために、長期的指導計画と短期的指導計画の役割や特徴を生かして、保育を行っていくことが重要となるのである。それぞれ決まった形式はなく、記入しやすく、誰が見てもわかりやすいものを保育所独自で工夫することが大切である。

 練習問題

[1] さまざまな指導計画(「年間指導計画」「月間指導計画」〈年齢別・異年齢混合〉「個別指導計画」「週日案」「延長保育週日案」)のそれぞれのポイントをまとめておこう。

[2] 年齢別保育・異年齢児混合保育・延長保育・障害児保育のなかから興味をもった保育を選んで、実際にはどのように行われているのかを調べてみよう。

※ 参考文献

・厚生労働省『保育所保育指針―平成29年告示』フレーベル館、2017
・厚生労働省『保育所保育指針解説』フレーベル館、2018

・北野幸子編著『保育課程論』北大路書房、2011
・待井和江編『保育原理』ミネルヴァ書房、2011
・柴崎正行・戸田雅美・増田まゆみ編『最新保育講座5　保育課程・教育課程総論』ミネルヴァ書房、2011
・戸田雅美『保育をデザインする』フレーベル館、2006
・全国社会福祉協議会編『私たちの指導計画　2012（3・4・5・異年齢児編）』全国社会福祉協議会、2012

第6章 保育の計画の作成と展開

学びの目標

①全体的な計画の作成と展開の実際を理解する。
②全体的な計画にもとづいた長期的指導計画および短期的指導計画の作成と展開の流れを理解する。

1. 全体的な計画の作成と展開

　本節では、全体的な計画の作成および留意事項について、以下に示す保育所保育指針に沿って解説するとともに、全体的な計画の具体例を示す（120ページの図表1）。

> ア　保育所は、1の（2）に示した保育の目標を達成するために、各保育所の保育の方針や目標に基づき、子どもの発達過程を踏まえて、保育の内容が組織的・計画的に構成され、保育所の生活の全体を通して、総合的に展開されるよう、全体的な計画を作成しなければならない。
> イ　全体的な計画は、子どもや家庭の状況、地域の実態、保育時間などを考慮し、子どもの育ちに関する長期的見通しをもって適切に作成されなければならない。
> ウ　全体的な計画は、保育所保育の全体像を包括的に示すものとし、これに基づく指導計画、保健計画、食育計画等を通じて、各保育所が創意工夫して保育できるよう、作成されなければならない。

図表1　保育所における全体的な計画の例

							保　育
		自分を大切に思える子ども					
							12項目の重点
健康・安全で快適な生活を大切にする保育		一人ひとりの園生活が楽しく充実した保育			子どもの自主性・自発性を大切にする保育		
生命を尊重し、大切にする心を育む保育		子どもの生活を営む心と生活力を育む保育			イメージと表現の世界を広げていく保育		
							保　育　の
年齢		0歳児		1歳児		2歳児	
保育	養護	生命の保持	・一人ひとりの子どもの状態を的確に把握し、保健的な保育環境の維持および向上に努める。	生命の保持	・家庭と協力し、子どもの発達過程に応じた生活リズムがつくられるようにする。	・食事・排泄・衣類の着脱などについて、子どもが自分から意欲的に生活できるように援助する。	
		情緒の安定	・一人ひとりの子どもの欲求を適切に満たし、応答的な触れ合いや言葉がけを行う。	情緒の安定	・一人ひとりの子どもが安定感をもって過ごし、自分の気持ちを安心して表せるようにする。	・保育者との信頼関係を基盤にして子どもが安心して自己主張をし、それを受け止めるようにする。	
	教育	健やかに伸び伸びと育つ	・保育者の受容のもと、生理的・心理的欲求を満たし心地よく過ごす。 ・保育者によるおむつ交換や衣類の着脱などを通じて、心地よさを感じる。	健康	・かんたんな衣類の着脱などの身の回りのことを自分でしようとする気持ちが生まれる。 ・楽しい雰囲気の中で、食事を楽しむ。	・走る・跳ぶ・押す・引っ張るなど、全身を使う遊びを楽しむ。 ・身の回りを清潔に保つ心地よさを感じ、少しずつ習慣づいていく。	
		身近な人と気持ちが通じ合う	・保育者との応答的なやりとりを通して、欲求が満たされ、安心して過ごす。 ・保育者による語りかけやなん語などへの応答を通じて、声を発して答いこうとする意欲が育つ。	人間関係	・保育者以外にも他の子どもとも関わっていく。	・保育所生活に慣れ、きまりがあることやその大切さに気づく。	
				言葉	・保育者との応答的なかかわりにより、自ら言葉を使おうとする。	・絵本や紙芝居などを楽しみ、かんたんな言葉の繰り返しや模倣を楽しむ。	
		身近なものと関わり感性が育つ	・身近なものに触れ、形や色、手触りなどに気づき、感覚のはたらきを豊かにする。 ・歌やリズムに合わせて手足や身体を動かして楽しむ。	環境	・戸外の遊びや散歩によって季節の自然に触れて楽しむ。	・玩具・遊具など、いろいろなものに触れ、形・色などの物の性質に気づく。	
				表現	・日々の生活のなかで水・砂・紙など、さまざまな素材に触れて楽しむ。	・生活や遊びのなかで、経験したことを自分なりに再現して遊ぶ。	

目　標			
	ほかの子どもたちと力を合わせたり、さまざまな人とともに生きていける子ども		
的な保育の柱			
	互いを認め、共感・協調性を大切にする保育	自然と親しむ生活・遊びを大切にする保育	身体的遊びを通して健康な身体を育む保育
	関心を寄せ考え、学びの楽しさを感じる保育	保護者とともに子育てを進める保育	地域とのかかわりを通して子どもが育つ保育
内　容	3歳児	4歳児	5歳児
	・基本的生活習慣について、子どもが自分でしようとすることが楽しいと感じられるように援助する。	・生活習慣について、子どもが自分からすすんでしようとするように援助する。	・生活習慣について、子どもが自分からすすんでできるようにする。
	・子どもの主体的な活動を見守り、自発性や探索意欲などを高める。	・子どもの気持ちを受け止め、保育者との信頼関係を深め、自分の気持ちや考えを安心して出しやすいように援助する。	・子どもの気持ちを受け止め、子どもが自分の気持ちや考えを安心して出すころができるようにする。
	・いろいろな遊びのなかで十分に身体を動かす。 ・保育者の援助を受けながら、自分で衣服の着替えや手洗いなど、身の回りのことを自分でする。	・いろいろな活動に自分からすすんで楽しんで取り組む。 ・衣服の着脱を順序よくし、そのときの気候や活動に合わせて自分で調整する。	・自分から積極的にいろいろな運動遊びをする。 ・友だちと一緒に目標に向かって積極的にいろいろな運動や遊びをする。
	・友だちとのかかわりを少しずつ深め、かんたんなルールのある遊びを楽しむ。	・友だちと生活するなかで、きまりの大切さに気づき守ろうとする。	・自分たちでかんたんなきまりのある遊びをつくり出したり、共通の目的を持って集団での遊びを楽しむ。
	・自分の思ったことや感じたことを自分の言葉に表し、保育者や友だちとの言葉のやりとりを楽しむ。	・保育者や友だちの話を親しみを持って聞いたり話したりして、いろいろな言葉に興味を持つ。	・考えたり経験したことを保育者や友だちにしっかりと相手がわかるように話して会話を楽しむ。
	・身近な事象に関心を持ち、見たり触れたり集めたり並べたりして遊ぶ。	・身近な事象に関心を持ち、興味や関心を深める。	・園や地域のさまざまな物・出来事に関心を持ち、遊びに取り入れつくったり工夫したりする。
	・生活や遊びのなかで興味を持ったことを歌や身振り等で表現して遊ぶ。	・友だちと一緒にイメージを広げ、描いたりつくったりと表現して楽しむ。	・友だちと一緒に協力して描いたりつくったりして共に表現することを楽しむ。

（第１章総則　３保育の計画及び評価　（１）全体的な計画の作成より）

　全体的な計画の作成に際しては、何よりもまず、上記のア（119ページ）に記されているように、その保育所における保育理念や保育の基本方針、目標を職員間で共通に確認して理解し、組織としての保育の重点を考え、保育所における生活の全体を通してどのように展開していくべきかを考慮することが大切である。

　また、全体的な計画は、それぞれの年齢毎の発達過程に即しているものである必要がある。養護に関する内容と、乳児期の保育における３つの視点（137ページ）、１歳以上児における５領域、「幼児期の終わりまでに育ってほしい姿」（164ページ参照）との関連を考慮し、乳児期から幼児期、そして学童期に向かって連続性が必要である。さらに、家庭生活との連携を考慮し、保育時間や在所期間などについて意識したい。保育時間については、日中のクラス保育のみを考えるだけではなく、早朝・延長保育も含めた保育所の生活時間のすべてを含めたものとして考える。保育所の存在する地域の特性を理解し、地域の実態に即した配慮も必要となる。

　全体的な計画の例として、ある保育所のものを図表１（120ページ）に示した。本書では、次節以降で指導計画を考えるとき、３歳児クラスと１歳児クラスのものを例としてふれる。

園の外へ散歩：稲わらを見つめる

保育室の鏡に映った自分を確認

2. 指導計画の実際の作成と展開

（1）長期的指導計画の作成とその留意事項

　長期的指導計画とは、通常、年間指導計画と、それに沿った形で作成する月間指導計画のことを意味する。

①年間指導計画
　年間指導計画は、全体的な計画に沿った形で、通常、前年度の3月中旬から下旬にかけて、クラスを構成する職員間で話し合い、共通理解したうえで作成する。年間指導計画は、一般的には年・期間（4期）計画となっている。保育所によって期の分け方は異なり、園の特色や行事、季節などを考えて計画する。
　発達の節目を目安に期間を区分して1年の生活の流れを考えて計画を立てる場合もある。以下は、春・夏・秋・冬に分けて計画を立てる場合の例である。

* Ⅰ期（4～5月）：進級園児は新しいクラス・新しい担任に、新入園児は保育所に慣れる時期。とくに0歳児クラスからの進級園児は、新しい保育室・新しい担任に慣れるため、もちあがりの保育者が担当して新しい環境で不安にならないような配慮が必要である。1歳児は親への依存心が強い時期であるため、保育所に慣れるまでに時間がかかることが予想される。なるべく少数での保育を心がけ、1日の生活をゆったりと過ごせるような計画を立てていく。
* Ⅱ期（6～8月）：クラスにも慣れ、子どもたちが安定して園生活を送ることができる時期。夏の遊びが中心であり、砂・水などにふれる経験を大切にする。一方、疲れが出やすい時期であるため、十分な休息が必要である。
* Ⅲ期（9～12月）：遠足や運動会などの行事が多く、クラスとしても飛躍する時期。安全面に配慮しながら、自然とのふれあいを大切にする。秋は寒暖の差にともない体調を崩しやすいため、健康面の配慮が必要である。
* Ⅳ期（1～3月）：1年のまとめとして保育が充実する時期。年が明け、子どもたちは落ち着いた園生活を送っている。活動的な遊びを楽しみ、進級への期待をもてるよう計画を立てる。

・年間・期間を通してのねらい

　一人一人の子どもの生命の保持・情緒の安定という「養護」と、子どもが健やかに育っていくための援助である「教育」の２つの側面から計画を立てなければならない。全体的な計画を軸に、子どもの実態に即した発達過程を見通して書き、安全面・衛生面に留意し、子どもが生き生きとした生活を送ることができるようにねらいを設定する。

　とくに３歳未満児は、月齢差だけではなく、家庭環境や生育歴などでも発達に差がある。その年の子どもたちの実態を、新入園児は児童票や面接での聞き取り、進級園児は昨年度の記録や担任との引き継ぎなどを参考に詳しく把握したうえで、子どもの活動を予測していくことが重要である。

　年間・期間を通した保育実践のなかでは、予想とは違った子どもたちの姿が見られることもある。期ごと・年間の指導計画や保育の記録を通して、自らの保育実践を振り返り、自己評価することで保育の質を高めていくよう努力することが大切である。

・内容

　ねらいを具体化して、季節も踏まえこの時期に経験してほしいことを書く。１歳児の領域は心身の発達の状態が未熟であり、生活と遊びが未分化であるため、内容という大きな区切りのなかに、生活・人とのかかわり・言葉・遊びを組み込む場合もある。

　たとえば、おむつ交換を嫌がる子どもに、保育者が「いないいないばー」をしながらおむつを替えたとき、それはおむつ交換という生活の流れのなかで、保育者とのふれあい遊びが組み込まれていくのである。そのように生活そのものが遊びであることも多い。

　今回の事例では、「人とのかかわり・生活の営み」「遊び・運動・表現」に分け細かい内容区分としているが、人と人とのかかわりのなかにも、遊びの内容が含まれている。

遊びの様子：テラスで木馬に乗って遊ぶ（左）、保育室内のコーナーで手づくり玩具を楽しむ（右）

月齢差による行動の差が大きいため、グループでの行動や保育者間の連携、配慮が重要である。

・園の行事

　低年齢のクラスはすべての行事に参加するとは限らない。後述の3歳児の事例では園としての行事をすべて記したが、1歳児の事例では、1歳児クラスが参加するおもな行事を記載した。誕生会などはクラスのなかで行うことも多い。

・保護者とのかかわり

　クラス懇談会、面談、保育参加など。

②月間指導計画

　年間指導計画を前提に、クラスの子どもの実態に合わせて月間指導計画を作成する。3歳未満児は個人差が大きいため、クラスとしての計画に加えて、個人計画の作成も必要である。

　月末の保育実践の評価をもとに、翌月の月間指導計画を作成する。ねらいには、子どもたちの姿をもとに、子どもの発達を見据えて、育ってほしいことなどを書く。

・ねらい

　前の月の子どもの姿をもとに、子どもに育ちつつあること、保育者が育ってほしいと思う願いを記入する。

・内容

　人と人とのかかわり：自己の育ち、保育者とのかかわり、子ども同士の関係について、最初は対保育者中心の生活から、徐々にぶつかり合いなども経験しながら友だちとの関係が深まっていけるよう、保育者の配慮も記入する。

　生活の営み：基本的生活習慣の自立に向けた内容を具体的に記入する。

　遊び：言葉、運動、表現など、発達や興味に沿った遊びの内容を設定する。

・保護者とのかかわり

　家庭との連携で、とくに留意するべき内容を記入する。

・クラス運営

　クラスとして、とくに留意する事項を記入する。

（2）短期的指導計画の作成とその留意事項

　短期的指導計画とは、通常、月間指導計画に沿って作成した週案（週間指導計画）、週日案、および日案のことを意味する。

　短期的指導計画は、長期的指導計画に沿った内容とし、より具体的な形で作成する。一人一人の子どもの育ちの理解に加えて、クラス全体の集団としての育ちを見据えながら、短期的指導計画を作成する。

　また、低年齢児では日案は展開が早すぎるため立てない場合もあるが、日々の子どもの様子や保育内容を記録し、振り返ることには大きな意味がある。大切なのは、振り返りを次の週にフィードバックしていくことである。

（3）3歳児の指導計画

①長期的指導計画（年間指導計画・月間指導計画）

　長期的指導計画として、3歳児の年間指導計画の例を128ページの図表2（「人とのかかわり・生活の営み」部分）および130ページの図表3（「遊び・活動」部分）に示す。

　これらの年間指導計画に沿う形で作成した、3歳児の9月の月間指導計画の例を132ページの図表4に示す。年間指導計画のⅢ期（9・10・11・12月）に記した計画に沿って、9月の月間指導計画の「ねらい」が設定されている。それをさらに「人とのかかわり」などの各項目別のねらいとして分け、それぞれの項目における「配慮点・具体策」を示したものである。

　「図表4　3歳児の月間指導計画の例（9月）」の表の右側に「振り返り・気づき・子どもの姿」とあるが、8月末に作成した9月の月間指導計画を9月末に振り返り、今月の保育の自己評価として「振り返り・気づき・子どもの姿」を記入する。この自己評価をもととして、次月の10月の月間指導計画にフィードバックしていくことが大切である。

　月末に行うこの月間指導計画の自己評価は、次に述べる短期的指導計画における自己評価の積み重ねで行うべきものである。

②短期的指導計画（週案・日案）

　短期的指導計画として、「図表4　3歳児の月間指導計画の例（9月）」に沿う形で作成した9月の週案（週間指導計画）の例を、134ページの図表5に示す。1週間ずつの区切りに対して、月間指導計画のねらいに沿う形で各週のねらいが設定されている。そ

して、そのねらいに対する「活動予定」があり、その「活動予定」を具体化するための「配慮・援助・準備」を記す。

　毎週、週末にはその週のねらいに対して、保育実践を評価し、「振り返り・気づき・子どもの姿」欄に記入する。前週の評価によって、必要に応じて次週の週案を変更し、より子どもの実際の姿に沿った計画となるように保育を見直すことが大切である。

　週案を毎日の保育においてより具体化するために、毎日の指導計画を詳細に記した日案ではなく、その週の毎日の指導計画のポイントを簡潔に表形式などでまとめた週日案を立てる保育所が多いと思われる。その背景として、保育所には長時間保育の子どもが多く、詳細な日案を毎日作成する時間を生みだすことがかなり難しい現実がある。

　実習生として保育所にて保育実習をするときには、多くの場合、部分実習もしくは１日実習として、ある１日の一部、あるいはある１日の全体としての指導計画を作成するものである。ここでは、実習のときに直接的に役に立つよう、あえて週日案ではなく、日案の立案例を135ページの図表６に示す。これは、図表４の週案に沿った形で、３週目のある１日の午前の活動の部分のみ作成したものである。

（4）３歳未満児の指導計画

①保育所保育指針の改定の方向性

　2017（平成29）年改定の保育所保育指針では、「第２章　保育の内容」に「乳児保育に関するねらい及び内容」と「１歳以上３歳未満児の保育に関するねらいおよび内容」の記述が加えられた。

　３歳未満児は心身の発達の基礎が形成されるうえで極めて重要な時期であり、この時期の子どもが、生活や遊びの場面で主体的に周囲の人や物に興味をもち、直接かかわっていこうとする姿は、非認知能力を育み、生涯の学びの出発点に結びつくものである。また、近年は３歳未満児の保育所利用率が上昇しており、保育所におけるこの時期の重要性や、行ってほしい保育の内容と工夫を、保育所保育指針においても、より具体的に記すことが必要となった。

　そのなかで、乳児の保育については、「健やかに伸び伸びと育つ」「身近な人と気持ちが通じ合う」「身近なものと関わり感性が育つ」という３つの視点に整理された（137ページの図表７）。これは５領域を基礎としながら、新しく０歳児の保育のねらいと内容が記載されたものである。また、１・２歳児については、３歳以上と同様に５領域で示されている。

図表2　3歳児の年間指導計画の例（「人とのかかわり・生活の営み」部分）

○○年度　　　　　　　3歳児　年間指導計画（人とのかかわり・生活の営み）

クラス目標　○安定した気持ちのなかでさまざまな感情を体験しながら、みんなで生活することを楽しく思う。
　　　　　　○身のまわりのことを自分で行い、生活の流れにある程度見通しをもつ。
　　　　　　○遊びを通して物や人への興味を広げ、積極的にかかわろうとする。

	4・5月	6・7・8月
期のねらい	○不安や思いを保育者に受け止めてもらい、安定した気持ちで生活する。 ○新しい部屋や生活の流れに慣れ、保育者に見守られながら、身のまわりのことは自分でやってみる。 ○春の自然にふれながら、戸外で体を動かして遊ぶ。	○保育者や気の合う友だちとの安心できる関係をもとに、友だち関係を広げていく。 ○保育者に仲立ちされながら自分の気持ちを伝え相手の気持ちも感じる。 ○生活の流れを理解し、身のまわりのことは自分でやってみる。 ○水遊び、泥んこ遊びを楽しみ、感覚的快さと開放感を味わう。
園の行事	・入園を祝う会 ・こいのぼりの会	・プール開き　・七夕の会　・夏祭り ・お店屋さんごっこ
人と人とのかかわり 自己の育ち 他者理解 コミュニケーション	○進級を誇りに思い、友だちとよろこび合う。 ○保育者に不安や思いを出し、受け止められながら、安定した気持ちで生活する。 ○気の合う友だちをよりどころに、遊びを通して新しい友だちに興味をもち、出会いを快く思う。	○2〜3人の気の合う友だちとごっこ遊びをする。友だちの遊びに興味をもち、同じ空間で同じ遊びをするなどして楽しい気持ちを共有する。 ○友だちとのかかわりのなかで、保育者に仲立ちされながら自分の気持ちを伝え、相手の気持ちも感じる。
生活の営み 身辺自立 生活の見通し	○保育者に見守られながら身のまわりのことをやってみる。 <睡眠> ・昼食後スムーズに寝つき、気持ちよく目覚め、布団をたたむ。 <食事> ・友だちと楽しく食べる。 ・箸やスプーンを使って食べる。 ・自分の食べられる量がわかる。 ・食器の片づけを自分でする。 <排泄> ・尿意・便意に応じて自分でトイレに行く。 <着脱> ・保育者に見守られながら必要に応じて衣類、靴の着脱をする。 <清潔> ・保育者に促されながら、遊具を片づけたり、衣類を袋に入れたりする。 ・外出後や排泄後、食事前の手洗いが定着する。	○生活の流れを理解し身のまわりのことは自分でやる。 <食事> ・食事を楽しみにし、食材や献立名にも興味をもつ。 ・苦手なものでも一口だけ食べてみる。 ・食後のうがいをする(歯科検診後)。 <排泄> ・女の子は、排尿の後、ペーパーで拭く。排便後は男女とも保育者に拭いてもらう。 <着脱> ・保育者に助言され必要に応じて着替える。 <清潔> ・シャワー後、体を自分で拭く。 ・鼻が出ていたら自分でかむ。 ・自分で汚れに気づく。 ・外出後うがいをする。

りす　組

9・10・11・12月	1・2・3月
○生活や遊びのなかで、楽しさやよろこびだけでなく、悔しさや悲しみなどのさまざまな感情を体験し、保育者や友だちと心の交流を重ねる。 ○生活の流れに見通しをもち、身のまわりの必要なことは自分でしようとする。 ○戸外で自然の変化を感じ、運動遊びを楽しむ。 ○簡単なルール遊びを通してみんなとの遊びを楽しむ。	○さまざまな感情体験を重ねながら、みんなで生活することをよろこばしく思う。 ○進級することによろこびと期待を膨らませる。 ○生活に必要なことを自分でしていく。 ○みんなでイメージを膨らませ、表現することを楽しむ。
・プール納め　・さんまの会　・新米を食べる会 ・運動会　　　・遠足	・お餅つき　　・劇ごっこの会　・節分 ・味噌づくり　・ひなまつり　　・地震訓練 ・卒園を祝う会
○生活や遊びのなかで、友だちと楽しさやよろこびを共有する経験を積み重ねる。 ○自分の思いを友だちに言葉で伝えようとする。 ○保育者が見守るなかで簡単なルール遊びを楽しむ。 ○運動会や遠足などの行事を通して、クラスの仲間意識をもち始める。 ○園外活動のなかで地域や社会とふれあう。	○数人で共通のイメージを膨らませ、遊びを発展させていく。 ○自分の思いを話し、友だちの話も聞く。 ○4,5歳児にあこがれの気持ちをもち、進級することによろこびと期待を膨らませる。 ○遊びや生活のなかで、さざままな感情を積み重ね、みんなで生活することをよろこばしく思う。
○生活に見通しをもち、身のまわりのことは自分でやる。 ＜食事＞ ・食事用のお手拭きタオルを自分で絞って用意する。 ・配膳を手伝ってみる。食器の並べ方を意識する。 ＜着脱＞ ・保育者に助言されながら、気候の変化に合わせて衣類を選ぶ。 ＜清潔＞ ・手洗いやうがいの習慣が定着する。	○生活に必要なことを自分でしていく。 ＜食事＞ ・苦手なものを「食べてみよう」という気持ちが出てくる。 ・食後の歯磨きをする。（歯科検診後） ＜排泄＞ ・排便後自分で拭いたあと、保育者に仕上げしてもらう。

図表3　3歳児の年間指導計画の例（「遊び・活動」部分）

○○年度　　　　　　　　3歳児　年間指導計画（遊び・活動）

	4・5月	6・7・8月	
遊び ・探索 ・感覚遊び ・ごっこ遊び ・体を動かす遊び ・伝承遊び ・知的遊び ・園外での遊び ・ルールのある遊び ・構成遊び	○それぞれが興味のある遊びを楽しむ。 ・砂・泥遊び（料理、お店屋さんごっこ） ・家族、病院、レストラン、お店屋、おおかみごっこ ・三輪車、滑り台、屋上斜面、土手すべり、とりで登り、ブランコ、木登り ・近場の公園への散歩 ・むっくりくまさん（逃げる）、たけのこ一本、おせんべやけたかな、かごめかごめ、おてぶし、つながれ ・パズル、型はめ、カードあわせ ・積み木、デュプロ、箱積み木、木レール、井形ブロック大小、きらきらブロック	○お互いの遊びに興味をもちながら遊びの世界を広げていく。 ・砂・泥遊び（山、川、トンネルづくり、宝探し） ・色水遊び（おしろい花） ・近場の公園への散歩 ・洗濯ごっこ（靴、ミニタオルを洗う） ・シャボン玉、魚釣り ・ごっこ遊び（家族・お店屋・保育園）、おおかみ・怪獣・動物ごっこ ・パズル、型はめ、カードあわせ ・積み木、デュプロ、箱積み木、木レール、ひも通し、井形ブロック、きらきらブロック	
自然とのかかわり	○春の自然を五感で感じる。身近な自然物に興味をもちかかわろうとする。 ・花摘み、花の水やり、虫探し（だんご虫、ミミズ） ○畑に苗を埋め、成長を楽しみにする。 ○動物に興味をもちかかわろうとする（動物の世話）。	○身近な夏の自然に興味をもちかかわろうとする。 ・虫探し（せみ、ざりがに）、夕立、虹、雷、ほうずき ○畑の作物の成長収穫を喜び、保育者が行う作業に興味をもつ。 ○動物に興味をもちかかわろうとする（動物の世話）。	
生活文化	○衣食住にかかわる文化的活動に楽しくふれてみる。 ・クッキー、パンづくり、豆の鞘むき、よもぎだんごづくり ・ビーズの紐通し、折染め	○衣食住に関する文化的活動に興味をもちかかわろうとする。 ・梅ジュース、紫蘇ジュース、梅干、らっきょ、寒天デザートづくり、夏野菜カレーの野菜むきのどれか ・ビーズの紐通し、折染め	
想像力と表現の世界	○お話のなかに心重ね、想像の世界を楽しむ。 ・絵本、紙芝居、パネルシアター、言葉遊び、素話 ○リズムや響きを楽しく感じる。 ・わらべ歌、歌、手遊び（「おてぶし」「さんぽ」『おはよう』『一本橋』） ○色や形のおもしろさを感じ楽しく表現する。 ・粘土、絵の具遊び、シール貼り、紙工作（こいのぼりづくり、模様遊び）	○お話のなかに心重ねながら想像の世界を楽しむ。 ・絵本、紙芝居、パネルシアター、言葉遊び、素話、ペープサート ○リズムや響きを楽しく感じ、表現する。 ・わらべうた、歌、手遊び、打楽器、踊り（「はだかんぼになると」、ミニ太鼓、祭りの踊り） ○色や形のおもしろさを感じ楽しく表現する。 ・粘土、絵の具、紙工作、箱工作、フィンガーペインティング、ボディーペインティング（七夕飾り、石に色塗り、うちわ、貼り絵、ちぎり絵、宝箱）	
体育的活動	○体を動かすことをよろこぶ。 ・太鼓橋、一本橋渡り、跳び箱ジャンプ、飛び石渡り（箱積み木やビールケース）鉄棒ぶら下がり、巧技台	○体を動かすことをよろこぶ。プールでは、水を心地よいと感じながら楽しむ。 ・水遊び、プール（腹ばい進み、顔つけ、石拾い、輪くぐり、ウォータースライダー、こりゃどこのじぞうさん、体操）	
文字・数・時間・空間の理解	○生活や遊びのなかで数や文字にふれあう。 ・数を唱える ・大きい、小さいがわかる ・「もうひとつ」「もうすこし」がわかる	○生活や遊びの中で数や文字にふれあう。 ・主な色（赤、青、黄、緑）が区別できる	
社会とのつながり	○家族や保育者以外の人とふれあう機会をもつ。 ・道の歩き方、来客へのあいさつなど	○家族や保育者以外の人とふれあう機会をもつ。 ・道の歩き方、交通機関でのマナー、お客さまへのあいさつなど	
保護者とのかかわり	●環境の変化への動揺を和らげるよう努める。 ・ノート、お便り、懇談会、個人面談 ・クラス便り	●子どもの育ちや様子を伝え、子育ての楽しさを共有する。 ●保護者同士のつながりを仲立ちする。 ・壁新聞、お便り、親睦会、保育参加	

りす　組

9・10・11・12月	1・2・3月
○2～3人の友だちとかかわり合いながら遊びの世界を広げていく。 ○数人の集団遊びを経験する。 ・砂・泥遊び（山、川、トンネル、宝探し、棒倒し） ・色水遊び（ヨウシュ、ヤマゴボウ） ・少し距離のある公園へも散歩に行ってみる ・花いちもんめ、なべなべ、どんどんばしわたれ、はちはちごめんだ、せっせっせ、あぶくたった、ゆうびんはいたつ ・かくれんぼ（おとなを＜が＞みつける）、しっぽとり ・家族、病院、レストラン、お店屋、保育園、美容院、動物、忍者探検、消防レスキュー、海賊、乗り物、絵本の物語ごっこ ・パズル、型はめ、カード合わせ、簡単なカルタ ・積み木、デュプロ、木レール、ひも通し、ブロック	○2～3人の友だちとかかわり合いながら遊びを発展させていく。 ○保育者の仲立ちを受け、簡単なルール遊びや構成遊びを経験する。 ○正月遊びを楽しむ。 ・すごろく、カルタ、コマまわし、羽根突き、福笑い、しりとり、だるまさんだるまさん ・家づくり、街づくり、乗り物づくり（積み木、砂） ・かくれんぼ、しっぽとり、大縄跳び ・散歩（お話散歩、冒険散歩）
○変化の大きい秋の自然に興味をもち、かかわろうとする。 ・虫探し（てんとう虫、バッタ）、落ち葉、どんぐり、松ぼっくり ○畑の収穫をよろこぶ。次の作物を植え、保育者の作業を手伝おうとする。 ○動物に興味をもちかかわろうとする（動物の世話）。	○身近な冬の自然に興味をもちかかわろうとする。 ・雪、氷、霜柱 ○冬野菜の収穫をよろこぶ。 ○動物に興味をもちかかわろうとする（動物の世話）。
○衣食住に関する文化的活動にかかわりよろこぶ。 ・芋料理、みたらし団子、ホットケーキ、ぬかクッキー、きのこほぐし、豚汁野菜切り、野焼きパン、さんま炭焼き ・毛糸ボンボンづくり、紐手芸 ・簡単な釘打ち ・木製の手づくりおもちゃを製作する	○衣食住に関する文化的活動にかかわりよろこぶ。 ・味噌づくり、白菜づけ、沢庵、おにぎり、餅つき ・毛糸ボンボン、紐手芸、あや取り
○お話のなかに心重ねながら想像の世界を楽しむ。 ・詩、劇遊び、ロール紙芝居ほか （「ことば遊び歌」、「のはら歌」、「てぶくろ」ほか） ○リズムや響きを楽しく感じ、表現する。 ・わらべ歌、歌、手遊び、打楽器、踊り （「はしろう」、「あわてんぼうのサンタクロース」、追いかけ歌） ○色や形のおもしろさを感じ、楽しく表現する。 ・粘土、絵の具、紙工作、箱工作、折り紙、自然物工作 （野菜スタンプ、どんぐりゴマ、松ぼっくりペンダント、リース）	○お話の世界を楽しみ、再現してみる。 ・劇遊び、物語読み聞かせほか ○リズムや響きを楽しく感じ、表現する。 ・わらべうた、歌、手遊び、打楽器、踊り （「お正月」、「ハンディングハンド」） ○色や形のおもしろさを感じ、楽しく表現する。 ・折り紙（くるくる棒、紙飛行機、こま色塗り、凧、お面、お雛様、年長組に記念品）
○体を動かすことをよろこび、さらに挑戦したいと思う。 ・ボール遊び（転がす、追いかける、玉いれ） ・長縄（へび）、のぼり棒、マット運動（寝転んでゴロゴロ、前転）、手押し車	○体を動かすことをよろこび、さらに挑戦したいと思う。 ・相撲、缶ぽっくり、マット運動、体操
○生活や遊びのなかで数や文字にふれあう。 ・高い低いがわかる	○生活や遊びのなかで数字や文字にふれあう。 ・3までの数、主な色、前後上下、昨日・今日・明日がわかる
○地域の人とふれあう機会をもつ。 ・仕事（商店、駅、交番）見学、高齢者とのふれあいなど	○地域の人とふれあう機会をもつ。
●秋の行事を通して保育のなかで大切にしていることを伝える。 ●冬時季に流行する疾病について知識と情報を伝える。 ・壁新聞、お便り、バザー会、保育参加、グループ面談	●進級に向けての見通しを伝える。 ・壁新聞、お便り、懇談会

図表4　3歳児の月間指導計画の例（9月）

○○　年度　　9　月　　　　　月間指導計画と記録・振り返り

今月のねらい	行事
・生活や遊びのなかで、さまざまな感情体験を積み重ねる。 ・自分の気持ちを相手に伝え、相手の気持ちも感じる。 ・生活の流れに見通しをもち、身のまわりの必要なことは自分でしようとする。 ・戸外で自然・季節を感じ、運動遊びを楽しむ。 ・簡単なルールのある遊びを通してみんなとの遊びを楽しむ。	3日：地震防災引取訓練 7日：プール納め 14日：さんまの会

	内容（項目ごとのねらい）	
人とのかかわり	・生活や遊びのなかで、友だちと楽しさやよろこびを共有する経験を積み重ねる。 ・自分の気持ちを相手に伝え、相手の気持ちも感じる。	
生活の営み	生活に見通しをもち、身のまわりのことは自分でしようとする。 ＜食事＞ ・食事用お手拭きタオルを自分で絞り用意する。 ・食器の並べ方も意識し、配膳を手伝う。 ＜着脱＞ ・保育者に援助されながら、気候の変化に合わせて衣類を選び、自分で着脱する。 ＜清潔＞ ・手洗いやうがいの習慣が定着する。	
遊び・活動	・戸外で自然・季節を感じ、運動遊びを楽しむ。 ・さんまの会：秋の味覚を楽しみ、味わう。 ・簡単なルールのある遊びを通して皆との遊びを楽しむ。	

保護者とのかかわり
・行事について、クラス便りなどで早めに伝えて保護者も一緒に楽しめるように心がける。子どもの様子をこまめに伝えていくことで子どもの成長を感じてもらう。
・冬時期に流行する疾病についてお便りを通して知識と情報を伝える。

クラス運営

個別配慮
身辺自立の援助ができるように→
→育者の役割分担を明確にする。

		りす　組　（3　歳児）	担任印	園長印
		保育の振り返り・来月に向けて		
		月のなかば・月末に記載		
	配慮点・具体策		振り返り・気づき・子どもの姿	
	・まとまった単位で遊べるような機会を意図的にもつ。 ・自分の気持ちを相手に伝えられるよう、言葉で伝えられるように見守り、必要に応じて保育者が仲立ちをする。また、相手の話も聞けるよう必要なら声かけもする。		月のなかば・月末に記載	
	・朝の集まりでその日の流れを伝え、子どもたちが見通しと期待をもてるようにする。 ・身辺自立の援助ができるように個々の様子を把握し、保育者の役割分担を明確にする。 ＜食事＞ ・お手拭きタオルを自分で絞れるよう、手洗い場に担任が1人ついて見守る。 ・食器の並べ方がわかるよう、イラストを描いたシートをつくり、テーブルに置く。 ＜着脱＞ ・靴の左右・衣類の前後も気にかけられるよう声かけをする。 ＜清潔＞ ・外から帰ってきたら、石鹸で手を洗い、うがいをするよう声をかける。また、見通しをもって自ら気づきやすいように、手洗いとうがいのイラストを手洗い場に掲示する。		月のなかば・月末に記載	
	・戸外では思いっきり体を動かして楽しむ（ボール遊び・蛇の縄跳び・マット運動・手押し車・リレー）。10月に運動会をする公園に散歩に行き、慣れ親しめるようにする。 ・さんまをまるごと一尾で目にし、炭火焼きをする。 ・クレヨンでさんまを描くこともやってみる（グルグル・斜め線・曲線など、クレヨンを普段から楽しむ）。 ・わらべ歌（からすかずのこ・なべなべ・どんどんばし・はないちもんめ）、鬼ごっこ・かくれんぼ・しっぽとりなど。やりたい子だけではなく、苦手意識のある子も体感して楽しさが味わえるように声をかけていく。		月のなかば・月末に記載	
→個々の様子を把握し、保	振り返り 月末に記載			

図表5　3歳児の週案の例（9月）

○○年度　　9　月　　週案　　　　　　　　　りす組（3歳児）

ねらい	活動予定	配慮・援助・準備	振り返り・気づき・子どもの姿
1週目 水遊びを楽しむ。 3日〜　8日	シーズン最後のプール遊びを楽しむ。	少しくもっていたり、寒い日があった場合は、無理をしてプールに入らず、園庭にて遊ぶように切り替える。	週末に記載
2週目 さんまの会にて秋を感じる。 10日〜　15日	・魚屋に散歩に出かけ、秋の味覚・さんまを見に行く。 ・14日にはさんまの会を行い、さんまを丸ごと炭火焼きにして食べる。 ・クレヨンを使って絵も描いてみる（さんまを題材として）。	・夏のプールシーズン以来、久しぶりの園外散歩になるので、手つなぎや交通ルールなど、職員も確認するとともに、子どもにもしっかり伝達する。 ・さんまの会では、子どもが火に近づきすぎてやけどをしないように注意する。 ・クレヨンは普段から遊びで使うようにする。	週末に記載
3週目 10月の運動会に向かって、公園に行ってかんたんなルール遊びをしてみる。 17日〜　22日	運動会を行う予定の公園に散歩に行き、わらべうた遊び（からすかずのこ・はないちもんめなど）や、体を動かす遊び（しっぽとりなど）を楽しむ。	・散歩中の安全には注意する。 ・ルールのある遊びについて、子どもたちの理解の様子をよくみて、どんな遊びが楽しめるかをみる。 ・しっぽとりでは、しっぽをとられて悔しい思いをする子もいるだろうが、そういった遊びも含めていろいろ経験をしてみんなで楽しめるように考えていく。	週末に記載
4週目 10月の運動会に向かって、公園に行ってかんたんなルール遊びをする。 24日〜　29日	運動会を行う予定の公園に散歩に行き、前週の様子もみて、子どもたちが楽しんで盛りあがっていきそうな遊びをさらに遊びこんでいく。	・散歩中の安全には注意する。 ・ルールのある遊びについて、子どもたちの理解の様子をよくみて、場合によってはルールをアレンジしながら、子どもたちが十分に楽しめるように遊びを展開する。	週末に記載

図表6　3歳児の日案の例（9月、午前の活動部分のみ抜粋）

○○年　9月　20日（木）	りす 組（3 歳児）　男児　7名　女児　8名
子どもの姿	・体をいっぱい動かして遊ぶことを楽しむ子どもが多い。 ・一人一人がそれぞれの遊びを楽しんでいるだけではなく、同じ場にいる2人～数人程度の友だちや保育者とかかわり合い、一緒にいる心地よさを感じながら、みんなで遊びを楽しむ姿が見られる。 ・今週から「からすかずのこ」「はないちもんめ」「しっぽとり」を遊び始め、だんだんとルールを理解してみんなで一緒に遊びを楽しむ子どもが増えてきた。
月のねらい	・戸外で自然・季節を感じ、運動遊びを楽しむ。 ・かんたんなルールのある遊びを通してみんなとの遊びを楽しむ。
週のねらい	・10月の運動会に向かって、公園に行ってかんたんなルール遊びをする。

時刻	環境構成	予想される子どもの活動	指導・援助の留意点
		朝、各々の遊んだおもちゃなどを片づけ、朝の会が始まったあとからの指導案を記述する	
10:00	・これから公園に出かける旨を園長に伝達し、携帯電話と散歩リュック（救急セット・麦茶などが入ったもの）を準備しておき、園外に出るときにスムーズにそれらを持参できるようにしておく。 ・公園にて使用するおもちゃなどの小物も準備しておく。	○朝の会にて ・「おはよう」を歌う ・朝のあいさつをする ・名前を呼ばれたら返事する ・保育者から、今日の活動について話を聞く。 ・園外で歩くときの手つなぎペアを確認し、保育者の注意を聞く。	・ギターを弾き子どもと一緒に「おはよう」を歌い、朝のあいさつをする。 ・子どもに今日の活動の見通しを話す。これから出かける行き先（公園名）・昨日に引き続き公園に行きみんなでわらべ歌遊びを楽しむことなど。並んで歩道を歩くなどのルールを伝える。
10:15		・各自トイレに行き、帽子・腕バンド(園名記入)着用のうえ、靴を履いて庭に集まる。 ○ペアで手を繋ぎ、安全に歩道を歩いて公園に向かう。	・各自トイレに行き、帽子・腕バンドを着用できるよう、園外に出る準備を促す。 ・列の先頭と最後尾、および列の真ん中付近の3者で公園まで安全に子どもたちを誘導する。
10:30	・公園のなかの見渡せる位置に荷物等を置き、ベースとする。	○公園に到着。最初は砂場やシーソーなど、各々の好きな遊びを自由に楽しむ。	・人員確認と固定遊具の安全確認・砂場の衛生確認などは常に気にかけつつ、子どもとともに遊ぶ。
10:50	・しっぽを準備してポケットなどに入れておく。	○しっぽとり ・ひと遊びしたあと、興味のある子から保育者としっぽとりを楽しむ子が出てくる。 ・保育者のまねをして"しっぽ"をつけて逃げる子も出始める。 ・みんなの楽しい雰囲気を感じてだんだんとしっぽとりの参加者が増えてくる。 ・しっぽを取られて悔しがる子も出る。	・追いかけっこの遊びなどをするなかで、保育者に"しっぽ"をつけ、子どもがしっぽとりを楽しめるように逃げて走る。 ・雰囲気を楽しみ、だんだんとしっぽとりが楽しめる子が出るようにし、決して無理強いはしない。 ・しっぽを取られて悔しがる子がいれば、その様子も見守る。 つづきは次ページへ掲載⇨

第6章　保育の計画の作成と展開

11:10	・適宜、必要のなくなったしっぽは片づけていく。	○からすかずのこ ・興味のある子数人で丸く集まり、保育者の見まねでからすかずのこのルールを覚え、楽しむ。 ・あとから子どもが増えてきて、２〜３グループに分れて遊ぶ。	・しっぽとりを十分に遊び、次に関心が向きそうな子どもたちに声をかけ、からすかずのこを楽しむ。ルールがしっかり理解しやすいよう、保育者が２人で実演しながらルールを伝える。 ・からすかずのこを十分楽しんでいるグループがあれば、存分に一緒に遊ぶ。 ・からすかずのこを楽しむ子の様子をみつつ、興味が移って行きそうな子から、はないちもんめの声をかける。
11:20		○はないちもんめ ・保育者の呼びかけに対して、興味のある子が最初は３〜４人くらいから集まり、列になって向かい合って手をつなぎ、雰囲気を楽しむ。 ・あとから子どもが増えてきて、２グループ程度にわかれて遊ぶ。	・ルールが理解しやすいよう、保育者が向かい合う列に１人ずつつき、子どもと手をつないで実演しながらルールを伝える。 ・「○○ちゃんがほしい」というところで指名を受ける子どもが偏ることもありうるが、その場合も、適切に見守りつつ、必要に応じて子ども同士のやりとりにかかわる。 ・子どもが十分楽しめたら、子どもに声をかけ、ごはんを食べるために園に戻るよう声をかける。
11:30	・荷物のなかから麦茶を取りだす。	○公園内にていったん集まり、水分補給をしたうえで公園を出発して、ペアで手をつなぎ、安全に歩道を歩いて園に戻る。	・人員点呼は決して怠ることなく、子どもがみんな集まったことを確認すれば、少し水分補給をしたうえで公園を出発し、園に戻る。
11:45		○園に戻る	・園の敷地に入る前に、人員点呼を今一度確認する。

園に戻ったあと、シャワーや着替・昼食の準備などからあとの指導案は省略する

図表7　0歳児の保育の内容の記載イメージ

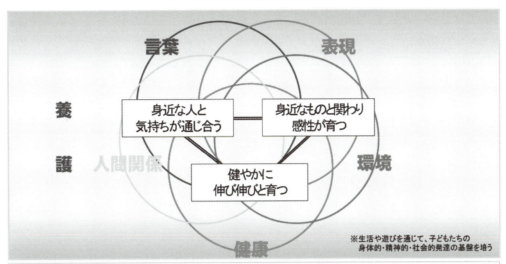

厚生労働省「保育所保育指針の改定に関する議論のとりまとめ」（平成28年12月21日）より

② 3歳未満児の指導計画作成のポイント

　保育所保育指針の「第1章　3保育の計画及び評価　(2) 指導計画の作成」によると、「イ.（ア）3歳未満児については、一人一人の子どもの成育歴、心身の発達、活動の実態に即して、個別的な計画を作成すること」と示されている。つまり、3歳未満児の指導計画については、心身の発育・発達が著しく個人差も大きいため、一人一人の子どもの育ちや発達過程、生活や遊び、家庭の状況や地域の実態を踏まえ、個別の計画を作成することが求められる。

　3歳未満は人格形成の基礎をつかさどる重要な時期である。保育所保育指針にも定義されているように、大人と子どもとの相互のかかわりが十分に行われるなかで、人への信頼感と自己の主体性が形成されていく。

　実際に指導計画を作成する際は、乳児保育の3つの視点も1・2歳児の5領域も、養護と教育が一体的に展開されることが基本である。一人一人の子どもの状態を的確に把握し、生理的欲求が十分に満たされ、快適に過ごせるよう応答的な触れあいや言葉かけなどの保育者の配慮点と、運動、遊び、食事、睡眠、着脱衣、情緒、社会性の観点から子どもの姿を捉え、具体的に記載することが求められる。

　現在は産休明け（生後57日）から受け入れている保育所も多い。また、乳幼児期は

人間が成長していく上での臨界期であると考えられていることからも、この時期に先送りしてはならない発達の課題がある。とくに保育者を軸として広がっていく人間関係、基本的生活習慣の自立に向けてなど、日々の生活のなかで、一つ一つ積み重ねていくことが重要であるといえよう。それらすべてにおいて家庭との連携か不可欠であり、家庭とともに子どもを育てるという意識のもと、日々の保育を行っていくことを心がけなくてはならない。起きている時間のほとんどを保育所で生活している子どもたち、保健・安全面に十分配慮をするのはもちろんのこと、保育所の責任は大きく、だからこそ、個人の発達に即した綿密な計画が必要である。

その大切な時期に保育者が見通しを持ち、一人一人にしっかりと向き合うことが重要であるといえよう。

【3歳未満児の指導計画】

3歳未満児は、特に心身の発育・発達が顕著な時期であると同時に、その個人差も大きいため、一人一人の子どもの状態に即した保育が展開できるよう個別の指導計画を作成することが必要である。保護者の思いを受け止めながら、「子どもの育ちを共に喜び合う」という基本姿勢の下で、一日の生活全体の連続性を踏まえて家庭との連携を指導計画に盛り込んでいくことが求められる。また、3歳未満児は心身の諸機能が未熟であるため、担当する保育士間の連携はもちろんのこと、看護師・栄養士・調理員等との緊密な協力体制の下で、保健及び安全面に十分配慮することが必要である。さらに、緩やかな担当制の中で、特定の保育士等が子どもとゆったりとした関わりをもち、情緒的な絆（きずな）を深められるよう指導計画を作成する。

指導計画は、月ごとに個別の計画を立てることを基本としつつ、子どもの状況や季節の変化などにより、ある程度見通しに幅をもたせ、子どもの実態に即した保育を心がける。保育所における集団生活の中で、一人一人にどれだけ丁寧に対応できるかは重要な課題である。温かな雰囲気を大切にし、子どもが興味をもった好きな遊びが実現できる環境が用意されていること、不安な時や悲しい時に心の拠りどころとなる保育士等の存在が必要である。

（『保育所保育指針解説』p.43より）

③1歳児の指導計画の例

ここでは、実際の1歳児の指導計画を例にあげて学んでいく。まず、全体的な計画を軸として、発達の過程を踏まえた1歳児全体としての子どもの育ちを理解し、その年の

子どもたちに即した年間指導計画を立案する。そのなかで、一人一人に合わせた月間指導計画を立案していく。月間指導計画は個別の計画を立てることを基本としつつ、子どもの状況に合わせて柔軟に保育が展開されるよう作成する。ねらいをもち、意図的・計画的・継続的に保育を展開し、個に応じた配慮・援助を位置づける。

　通年制をとっている1歳児クラスは、満1歳から3歳近くになる子どもたちがいる場合が多い。4月の時点では、3月生まれの子どもはまだ歩くこともままならず、離乳も完成していないこともある。4月生まれの子どもは走る・跳ぶ・言葉を話すなど、発達にはかなりの違いがある。そのため、月齢や発達ごとのグループ保育を行っている園も多い。したがって1歳児の指導計画といっても個人差が広く、それらを踏まえたうえで、以下の1・2歳児の発達を再度確認しよう。

・1歳児

　徐々に歩き始め、歩行が完成し、押す、つまむ、めくるなど、さまざまな運動機能が発達する。歩行が自由になると、行動範囲が広がり探索活動が活発になる。離乳が完了し、スプーンやフォークを使って自分で食べようとする。また、徐々に1語文、2語文を話すようになる。大人のいうことがわかるようになり、自分の意思を相手に伝えようとする。自己主張が強くなる半面、大人への依存も強い時期である。

・2歳児

　走る、跳ぶ、階段の昇降など基本的な運動機能や、クレヨン、ハサミ、のりが使えるなど指先の機能も発達する。また、食事・衣服の着脱・排泄の自立など身の回りのことが徐々に自分でできるようになる。語彙が増え、自分の意思や感情を言葉で伝えようとする。それにともない自己主張が激しくなり、自我が強くなる時期である。また、模倣や友だちと一緒にごっこ遊びを楽しむ。

　1歳児の年間指導計画の例として、「養護・健康」の部分を140ページの図表8、「人間関係・環境・言葉・表現」の部分を142ページの図表9に示す。

　これに沿った形で立てた9月のクラスとしての月間指導計画の例を144ページの図表10に示す。また、同じ9月の個人別月間指導計画として、低月齢児（1才8か月児）のものを146ページの図表11、高月齢児（2歳5か月児）のものを147ページの図表12として示す。

図表8　1歳児の年間指導計画の例（「養護・健康」部分）

○○　　年度　　　　　　　　　1歳児　年間指導計画（養護・健康）
クラス目標　　・保育者との関係をよりどころにしながら、ゆったりとした空間で一人一人が

	4・5月	6・7・8月	
期のねらい	・新しい環境に慣れ、それぞれが心地よい生活を送る。 ・身近な保育者と共に、一人一人興味のある遊びを楽しむ。	・一人一人興味のある遊びを十分に楽しむ。 ・戸外で自然に触れ、体を思いきり動かして遊ぶ。	
園の行事	・入園を祝う会	・プール開き　　・夏まつり	
養護 生命の保持 情緒の安定	○一人一人の健康状態や発育・発達を把握し無理なく園の生活を送れるようにする。 ○家庭と連携をとりながら、適切な生活リズムをつくっていく。 ○清潔で安全な環境の中で、安心して過ごせる環境を整える。 ○個々のペースを大切にし、少人数で過ごすことを考える。 ○一人一人の子どもの気持ちをくみ取り、保育者との信頼関係を築くことで、情緒の安定をはかる。 ○子どもの自己主張を受け止めていく。	○一日の生活のリズムが整い、生活の流れに見通しをもって、安定して過ごす。 ○保健的で安全な保育環境を整え、気温の変化や体調に留意し、健康に過ごせるようにする。 ○水分補給をこまめに行い、快適に過ごせるようにする。 ○一人一人の気持ちを十分受け止め、安心して過ごせるようにする。	
健康（生活の営み） 食事 睡眠 排泄 着脱 健康，清潔	○椅子に座り、スプーンを使って自分で食べる。（特定の保育者がゆったりと食事に向かえるように配慮する。） ○いろいろな食べ物を口にしてみようとする。（楽しい食卓をつくる、保育者も同じ物を一緒に食べてみる。） ○自分のリズムで心地よく眠りにつくようになる。（それぞれの睡眠リズムやクセなどを把握して調節していく。） ○眠る場所がそれぞれ決まってくる。（一対一でかかわるよい時間であるためゆったりと入眠するまで見守る。） ○心地よくオムツ交換される。 ○午睡明けにトイレに座ってみる。（ていねいな言葉がけをして一対一のコミュニケーションを大切にする。） ○着替えると気持ちがよいことに気づく。（言葉かけをていねいにしていく。） ○気候に合った衣服を着る。（個々の身体状態を把握する。）	○色々な食べ物を口にすることができる。（楽しい食卓をつくる。） ○安心して眠ることができる。（ゆったりと睡眠に誘う。） ○トイレに行き、気持ちよく座ってみる。（個々の排泄のタイミングを知る。） ○目覚めている時はパンツにする。（個々に合わせ、無理のないように誘う。） ○パンツ、ズボンの上げ下げを保育者と一緒に行ったり、自分でやろうとしたりする。（子どもが着脱しやすい環境を整える。） ○気持ちよく沐浴やシャワーをする。（個々に合わせ無理なく水に慣れるようにしていく。外遊びの後は沐浴をし、体の清潔を心がける。こまめに水分補給をする。）	
健康（運動）	○歩く・走るなど全身を使って気持ちよく身体を動かす。 ○十分に身体を動かし、探索活動を楽しむ。 ○指先を使った遊びを楽しむ。（型はめ、チェーン落としなど）	○十分休息をとりながら、夏ならではの遊びを楽しむ。 ○車に乗る、押す、引っ張る経験や、坂道や階段の上り下りや固定遊具などでからだを動かす。（一人ずつの発達の段階を把握し、子どもに合わせた手助けを行う。安全に配慮する。）	

ひよこ組
安心して過ごす。　・身近な保育者や子ども同士、楽しいと思える経験を積み重ねていく。

9・10・11・12月	1・2・3月
・戸外で自然に触れ、体を思いきり動かして遊ぶ。 ・自分でやってみようとする気持ちを大切に、保育者に協力してもらいながら自分でできることに挑戦する。	・まわりの子どもたちと共に、心地よい生活をおくる。 ・子ども同士の関係を広げていく。 ・一人一人の体調に配慮しつつ、天気のよい日は戸外に出て、メリハリある生活を送る。
・プレイデー　・フェスタ	・プレイデー　・フェスタ
○一日の生活の流れをつかむようになる。（午前のおやつの時間に、その日の活動などを話し、子どもにも見通しがつけられるようにする。） ○家庭との連携を密にし、冬の感染症予防や事故防止に努める。 ○簡単な身の回りのことを自分でしようとする意欲の芽生えを大切にしながら援助していく。 ○自己主張が強くでることでトラブルも予測されるが、子どもの思いをくみ取り、共感しながら、子どもと継続的な信頼関係を築いていく。	○年末年始などの休み明けは園での生活リズムを取り戻せるよう家庭との連携をとる。 ○家庭との連携を密にし、冬の感染症予防や事故防止に努める。 ○簡単な身のまわりのことを自分でしようとする意欲を大切にしながら、できた喜びに共感し、自信につなげていく。
○食前に手を洗う気持ちよさを知る。（手洗い周辺の環境を整える） ○食器に手を添え、スプーンやフォークを正しく使って食べようとする。（言葉かけをていねいにしていく。） ○食卓でのコミュニケーションを楽しみ、食事の楽しさに気づく。（みんなで食べると楽しい・美味しいと感じられるように、大人も一緒に食べる。） ○自分から布団に入り、安心して入眠することができる。（ゆったりと睡眠に誘う。安心できる保育者とのかかわりを大切にしていく。） ○自分で靴やズボンを履こうとする。 ○衣服を自分で脱ごうとする。（自分でやろうという気持ちを大切にする。自分の持ち物の場所をわかりやすく配置する。）	○手洗い、手を拭くことが、ほぼ自分でできるようになる。（自分の持ち物の場所をわかりやすくする。） ○食前、食後の挨拶を言葉や動作で表す。食べ物に興味を持って進んで食べる。（子どもの意欲を大切にする。楽しい食卓をつくる。） ○自分から心地よく睡眠につく。（午睡の雰囲気をつくる。）
○運動遊具を使って、走る、跳ぶ、登る、転がるなど全身を使って遊ぶ。（子どもの安全には十分配慮し、やりたい気持ちは尊重する。） ○三輪車を友だちの姿を見ながらやってみる。	○外遊びで十分体を動かす。（霜柱、氷、雪などに触れる。） ○室内でも巧技台やマットなどを使い、体を動かす遊びを楽しむ。

図表9　1歳児の年間指導計画の例（「人間関係・環境・言葉・表現」部分）

○○　　年度　　　　　　　　　　1歳児　年間指導計画（人間関係・環境・言葉・表現）

	4・5月	6・7・8月	
人間関係	○特定の保育者との愛着関係をよりどころに、安心して一日を過ごせるようになる。 ○新入園児は、生活面を中心に一定の保育者がかかわることでその保育者との間に信頼関係が育つ。 ○保育者と触れ合うことで共に過ごす心地よさを感じる。 ○保育者との受動的・応答的なかかわりの中で、欲求を満たし、安心して生活する。 ○保育者に見守られながら、周囲の友だちに興味をもつ。	○いろいろな保育者と楽しく過ごせるようになる。 ○友だち同士、かかわり合って遊ぶ。（友だち関係が広がるよう保育者が一緒に遊んだり、ぶつかり合ったときはお互いの気持ちを代弁したり、それぞれの気持ちをくみ取る。） ○保育者との信頼関係ができ、安心して好きな遊びを楽しむ。 ○友だちとのかかわりを楽しみ、模倣や一緒にやってみようとする。	
環境	○安全な環境の中で、自分の好きな玩具を見つけ、興味ある場所におもむく。 ○外遊びでは自然に親しみ、砂や土に触れ感触を楽しむ。（安全・清潔に注意する。） ○季節の行事に無理なく参加する。	○安全な環境の中で、玩具や絵本、遊具などに興味を持ち、それらを使った遊びを楽しむ。 ○水遊び、プール遊びでは水の気持ちよさを感じる。 ○砂や土など自然物に触れて、手触りや性質を知り、興味を持って体験していく。 ○身近な小動物や虫など見たり触れたりして興味や関心を持つ。	
言葉	○保育者の言葉を真似したり、指差しや身振り、片言などで自分の思いを伝えようとする。 ○保育者との応答的なかかわりの中で、一語文、二語文など自ら言葉を使おうとする。 ○保育者に絵本を読んでもらうことを楽しむ。（子どもと一対一、あるいは少人数で絵本を読む機会をつくる。）	○名前を呼ばれて返事をする。 ○保育者や友だちの言葉に興味を持ち、自ら使おうとする。 ○好きな絵本を保育者や友だちと一緒に読んでもらうことを喜ぶ。（いろいろな本を用意し、子どもが自由に手に取れるようにする。） ○日常の簡単な挨拶を言葉で言おうとする。	
表現	○保育者と一緒に簡単な歌遊びや手遊びを聴き楽しむ。（わらべうた、あそびうたなど。） ○クレヨン、絵の具を使って自由に遊ぶ。（安全な用具の準備、少人数で導入し、子どものやりたい気持ちを大切にする。仕上げた作品の扱いなどの配慮をする。）	○小麦粉粘土を楽しむ。 ○音楽に合わせて体を動かして遊ぶ。 ○簡単な歌を歌う。 ○絵の具、色水遊びなどを楽しむ。	
クラス運営	○好きな遊びを選べるように、コーナー遊びの場所を固定し、自由に玩具の出し入れができるようにしておく。 ○個人の持ち物が保護者に出し入れしやすいよう環境を整備する。 ○個々のペースで生活できるように、入室から睡眠までの時間など配慮する。（新入園児） ○安心して生活できるように、小グループ制をとり、保育者とのコミュニケーションを大切にする。 ○子どもたちの動き、興味を基本に、保育者は臨機応変に動く。	○体調を崩しやすい時期であるため、休息を十分取り、子どもたちの体調管理に気をつける。 ○水遊びは、家庭との連絡を取りながら無理のないように進める。 ○保健衛生に留意し、ゆったりと過ごせるようにする。 ○保育者の夏季休暇の時は、担任間の連絡などをこまめに取り合うよう心がける。	
家庭との連携	○新しい部屋の使い方、準備などていねいに伝えていく。 ○4月当初は、保護者との関係づくりを、担任と1対1で行うことを心がける。 ○連絡ノートだけでなく、朝夕の時間も大切にする。 ○クラス懇談会を行う。	○帽子・水着の用意、汗をかくため、着替えを多めに用意してもらう。 ○個人面談をする。	

ひよこ組

9・10・11・12月	1・2・3月
○一人遊びから、徐々に友だちとで一緒に遊ぶことを楽しむ。（いろいろな遊びを提供すると共に、複数で一緒に遊ぶ楽しさを知らせていく。） ○大人の真似をしたり、他児の真似したりするなど、子ども自身からの働きかけが多くなる。 ○子ども同士の間でぶつかり合いが起こってくる。（保育者が仲立ちとなりそれぞれの子の気持ちをくみ取る。） ○保育者に見守られる中で、安心して好きな遊びを楽しむ。 ○気の合う友だち数人で同じ遊びを楽しむ。（保育者もかかわりながら、遊びの流れを見守る。）	○保育者と子ども相互の信頼関係をとおして、自分に自信を持ち始める。 ○皆で過ごすことの楽しさや安心感を知る。 ○一人一人のイメージが、他の子にも伝わり、一つの遊びへとつながる。 ○友だちとのかかわりが増え、一緒に遊ぶ楽しさを感じる。 ○生活や遊びを通して、友だちとかかわることを楽しむ。 ○かくれんぼなど、みんなで一緒の遊びを共有する。
○安全な環境の中で、玩具や絵本、遊具などに興味を持ち、それらを使った遊びを楽しむ。 ○戸外遊びや散歩などで、どんぐりや落ち葉を拾ったり、木の棒で遊んだりと秋の自然に触れて遊ぶ。（安全には十分配慮する。子どもの興味や関心を尊重する） ○季節の行事に楽しんで参加する。	○冷たいものに触れ、寒さを感じる。 ○自然のもの（葉・木・枝・実など）を使った砂遊びをする。（砂場遊びの遊具の管理） ○季節の行事に興味をもって参加する
○簡単な言葉で、自分の思いを伝えようとする。 ○言葉を伴ったやりとりをしながら友だちと遊び、会話を楽しむ。（ときには保育者が代弁する。） ○絵本や紙芝居を見ながら、繰り返しのある簡単な言葉のやり取りを喜ぶ。 ○親しみを持って日常の挨拶をする。	○生活や遊びの中で簡単な言葉のやり取りを楽しむ。 ○いろいろなおもちゃを別の物に見立てて、言葉のやりとりを交えながら、ごっこ遊びを楽しむ。（保育者も一緒に楽しみ、ときにはそれぞれの気持ちを言葉に置き換えていく。） ○同じ絵本を複数の子どもたちで楽しむ。（紙芝居、絵本などをみんなで楽しむ機会をつくる。）
○遊びながら好きな歌を口ずさむ。 ○簡単な楽器を鳴らして楽しむ。（太鼓のようなものを用意し、楽しめるようにする。） ○木の実、落ち葉などを使って製作を楽しむ。 ○粘土など、手での感触を楽しみ、いろいろな形を作ってみる。	○いろいろなわらべうた、歌、踊りを保育者と一緒に楽しむ。 ○保育者や友だちと一緒にリズム遊びを楽しむ。 ○季節の行事に合わせた製作を楽しむ。（雪だるま、鬼のお面、ひな人形など。）
○子どもたちの興味や関心に合わせた遊具を用意する。 ○子どもたちの食事、睡眠の様子に合わせて、グループのメンバーを見直す。 ○散歩先での遊びに、見通しを持つ。（固定遊具・追いかけっこ・かくれんぼなど。）	○流行性の病気に気をつけ、健康管理に努める。 ○2歳児クラスへ向けて、2歳児クラスのトイレを使ってみたり、2歳児クラスで遊ぶなど、無理なく移行できるように考えていく。
○行事に向けて、子どもの様子を伝える。 ○保育参加を呼び掛ける ○防寒着を用意してもらう。	○懇談会を開き、現在の様子を伝え、進級に備える。 ○必要な保護者とは、個人面談を行う。

図表10　1歳児の月間指導計画の例（9月）

年度　9 月　　　　　　　　　月間指導計画と記録

今月のねらい

○ 保育者と一緒に体を動かして遊ぶことを楽しむ。
○ 身のまわりのさまざまなことを自分でしようとする。
○ 身近な自然に触れ、戸外遊びや散歩を楽しむ

	内容（項目ごとのねらい）
養護 　生命の保持 　情緒の安定	○ 気温の変化や体調に留意し、健康に過ごせるようにする。 ○ 身のまわりのことを自分でしようとする意欲を大切にする。
健康（生活の営み） 　食事（ほ乳） 　睡眠 　排泄 　着脱 　健康・清潔 　生活リズムと 　見通し など 　（運動）	○ 食前に手洗いをする。(高月齢) ○ スプーンで上手に食べられるようになる。 ○ みんなで一緒に食べることを楽しむ。 ○ 秋の味覚を感じる。 ○ 安心して眠り、午睡明けの目覚めがよくなる。 ○ 排尿の感覚を感じる。 ○ 自分で靴やズボンをはこうとする。 ○ 戸外遊びや散歩を楽しみ、歩く、走る、跳ぶ、くぐるなど全身を使った遊びを楽しむ。
人間関係 環境 言葉 表現	○ ひとり遊びから、他児と一緒にいたり遊んだりすることが楽しくなる。 ○ 保育者の真似をしたり、他児の真似をしたりかかわりを楽しむ。 ○ 子ども同士気持ちのぶつかり合いが出てくる。 ○ 暑い日には水遊び・泥遊びを楽しむ。 ○ 保育者や友だちと一緒に追いかけごっこを楽しむ。 ○ 季節の素材を使って簡単な製作を楽しむ。 ○ ひも通しなど手先を使った遊びを楽しむ。 ○ 季節の歌を楽しむ。"どんぐりころころ" "とんぼのめがね" など。

家庭との連携	クラス運営
○ 保育参加を呼びかけていく。 ○ 保育時間の変更など、情報交換を密に行う。 ○ 排泄の様子を伝えながら、場合によって布パンツの用意をお願いしていく。	○ 食卓の担当を9月から変える。 　個別配慮 ○ 生活面をていねいに見ていく。

ひよこ　組　（1　歳児）　　　　　園長印

保育の振り返り・来月に向けて	
<div align="center">月のなかば、月末に記載</div>	

配慮点・具体策	ふりかえり・子どもの姿
○ 夏の疲れで体調を崩しやすい時期なので、休息や睡眠を十分にとって快適に過ごせるよう配慮する。 ○ 気温の変化に合わせて衣服の調節をし、戸外遊びや活動的な遊びの後には水分を多めに取る。 ○ 自分でしようとする気持ちを受け止め、励ましたり、ほめたりと、子どものやる気につなげていく。	月の半ば、月末に記載
○ 手洗いを習慣化していく。 ○ 個別にスプーンの正しい持ち方を誘っていく。 ○ 梨・サンマなど旬の食材に触れる機会を用意し、大事にしていく。 ○ 睡眠時間を子どもの様子によって臨機応変に配慮していく。 ○ 着脱など自分で履けるように促す。できるところは見守っていく。 ○ 高月齢の子は日中パンツで過ごし、排泄の間隔を知っていく。低月齢の子はトイレに座ってみるなど興味を持つ段階を大事にする。 ○ 安全に配慮しながら、十分に体を動かす経験を持てるようにする。	月の半ば、月末に記載
○ 少人数に分かれ、例えば低月齢の子どもと高月齢の子どもで別れたり、メンバーを変えたりするなど子ども同士関わる時間を作っていく。 ○ 一緒に過ごすことが楽しいという気持ちを共感できるように、保育者も間に入りながら遊びを充実させていく。 ○ けがにならない程度に、ぶつかり合う経験も大切にしながら保育者が仲立ちとなり、互いの思いを言葉で伝えていけるよう働きかける。天気を見ながら、暑い日は水遊びができるようにミニプールやベビーバスを用意していく。 ○ ぶつかったり転んだりすることも予想されるため、安全に留意する。 ○ どんぐり・落ち葉などを使って簡単な製作をする。のりを使う際は使い方をしっかり伝えていく。 ○ 手先を使った遊びができるように、遊具を用意する。(ひも通し・ピンさし・粘土など) ○ 季節の歌を子どもたちと一緒に楽しむ。	月の半ば、月末に記載
（かみつきやひっかきが増えているので未然に防ぐように、保育者の位などを再確認）	ふりかえり 月末に記載

図表11　1歳児の個人別月間指導計画の例（9月、低月齢児：1歳8か月児）

年 9月　　個人別月間計画と記録　氏名　Ｉ さん　（1歳8か月）　　ひよこ組

	計画・配慮点	子どもの姿・振り返り
おもな配慮点	○子ども同士のかかわりが広がっていけるよう保育者が仲立ちとなる。 ○運動遊びを楽しむ。	○月齢の近い友だちとのかかわりが増えている。トラブルになったときには手が出てしまうこともある。 ○スプーンを持ってはいるものの、手づかみで食べることが多い。声をかけるとスプーンで食べている。 ○歩行がしっかりとしてきており、10分ほどの道のりを往復できる。
養護 健康 食事・睡眠・ 排泄 他	○食べられる食材が増える。 ○スプーンでの食事がスムーズになる。 ○排尿の感覚が開いてきているため、様子を見てトイレに誘ってみる。 ○疲れ具合に配慮をしながら日中の活動を考えていく。	○食べるとき、勢いがよくあまり噛んでいないときもある。苦手なものは口に入れても出してしまう。 ○トイレに誘っても嫌がることが多いが、午睡明けには成功することもある。 ○排尿の間隔は1時間半～2時間ほどと長くなってきている。 ○週末に39度の熱を出すが、インフルエンザではなかった。
健康（運動） 人間関係 環境 言葉 表現	○戸外で思いきり体を動かす。（追いかけっこなど） ○他児への興味が広がり、かかわっていく。（トラブルに注意する） ○自己主張が出てきて、他児や保育者に気持ちを訴える。散歩に出かけ、自然に触れて遊ぶ。 ○暑い日は水遊びを楽しむ。 ○言葉が増え、動作も交えて思いを伝えようとする。 ○ままごと、絵本、積み木などの室内遊びをじっくりと遊ぶ ○絵具やクレヨン、小麦粉粘土に親しむ。	○散歩先のような初めての場所でも戸惑わずに遊んでいる。 ○自分から進んで、友だちとかかわる姿がみられる。幼児クラスの中にいてもマイペースで遊んでいる。砂場で容器に砂を入れては、保育者に「どーぞ」と言って渡し、保育者が「ごちそう様」というと嬉しそうに何度も繰り返して遊んでいる。 ○保育者の言葉を模倣し、発音もはっきりしてきた。自分の名前を言い、友だちの名前も呼べるようになってきた。保育者の話しかけを多くし、言葉の発達を刺激していく ○小麦粉粘土の感触が楽しい様子で、手でこねたりたたいたりして楽しんでいる。
家庭との連携 その他	○園で様子・家庭での様子をこまめに伝えていく。 ○家庭でもトイレに誘ってもらうよう連絡を取り合う。	○連絡ノートでのやり取りが中心なため、詳しく書くようにしていく。

図表12　1歳児の個人別月間指導計画の例（9月、高月齢児：2歳5か月児）

　年　9月　　　個人別月間計画と記録　　氏名　　T　くん　（2歳5か月）　　　　ひよこ組

	計画・配慮点	子どもの姿・振り返り
おもな配慮点	○ 子ども同士のかかわりや遊びを楽しむ。 ○ 保育者に甘えたい気持ちも受け止め、個別にかかわるようにしていく。	○ 友だちと二人で三輪車に乗って遊ぶ姿がみられた。 ○ 自分でできることが増えている反面、保育者に甘えたい気持ちが強い。受け止めて、ていねいなかかわりが必要だと感じる。
養護 健康 食事・睡眠・ 排泄 他	○ ゆっくりとよく嚙んで食事をする。 ○ 食器に手を添えて食べる。 ○ トイレで排尿する。日中はパンツで過ごす。 ○ 着脱など自分でできることはやってみる。（保育者に甘えたい気持ちは受け止める）	○ 急いで食べることもあるが、保育者が声をかけたり、一緒に食べることで、よく嚙んで食べようとする姿が見られる。 ○ グループの中で、話をしながらも楽しい雰囲気の中で食事をしている。 ○ 日中の排泄の失敗は少なくなってきたが、午睡中はおむつの中に排尿をしてしまうことが多い。 ○ 着脱など意欲的に行ってはいるものの、午睡明けや眠いときは保育者に甘えて「できない」ということがある。甘えたい気持ちを受け止めていきながら少しずつ自分でできるよう励ましていく。
健康（運動） 人間関係 環境 言葉 表現	○ 戸外で思いきり体を動かす。（鬼ごっこなど） ○ 気の合う友だちと一緒に過ごすことが増えてくる。 ○ 子ども同士のぶつかり合いやかかわりの中で、相手の気持ちを感じる。 ○ どんぐり拾いなど、季節感が味わえる遊びを楽しむ。 ○ 暑い日は水遊びを楽しむ。 ○ 自分の気持ちを言葉で伝えようとする。 ○ ごっこ遊び、見立て遊び（電車ごっこ、お店屋さんごっこなど）する。 ○ 紐通しや型はめパズルなど手先を使った遊びをする。	○ 友だちとの玩具の取り合いが頻繁にみられる。友だちの玩具を取ってしまっても「とも君が先に使ってた」と意見を主張する。少しずつ、友だちや保育者の気持ちを伝えることが必要である。 ○ 年長児に兄がいるため、年長児の中に入っていくことが多い。安全に注意しながら見守りたい。 ○ 散歩先ではどんぐりを拾い、迎えに来た母親にうれしそうに見せていた。また、休みの日に拾った別の種類のどんぐりを保育者や友だちに誇らしそうに見せていた。 ○ 夏の初めは水を怖がっていたが、友だちが頭から水をかけても、両手で急いで水をぬぐってはいるものの、泣くことはなくなった。 ○ 紐通しは黙々と長い時間集中していた。パズルも全部型に入れてはまた全部だし、繰り返し遊んでいた。
家庭との連携 その他	○ 連絡ノートで園の様子をていねいに伝え、直接会えたときは、コミュニケーションを大切にする。	○ 家庭でも日中はおむつを外して過ごしているとのことであった。

 **練習問題**

1. 年間の保育の計画を構成する4つの期において期ごとに配慮すべき点を述べなさい。

2. 3歳未満児の指導計画を作成するにあたって配慮すべき点を述べなさい。

✳︎ 引用文献

- 『幼保連携型認定こども園教育・保育要領　幼稚園教育要領　保育所保育指針　中央説明会資料』内閣府・文部科学省・厚生労働省、2017、p.4
- 厚生労働省編『保育所保育指針解説』フレーベル館，2018、p.43

✳︎ 参考文献

- 汐見稔幸編著『保育所保育指針まるわかりガイド』チャイルド本社、2017
- 民秋言編『幼稚園教育要領・保育所保育指針・幼保連携型認定こども園教育・保育要領の成立と変遷』萌文書林、2017
- 塚本美和子・大沢裕編著『人間関係』一藝社、2010
- 藤本員子編著『1歳児のクラス運営』ひかりのくに、2010
- 伊藤輝子・天野珠路編著『乳児保育』青踏社、2010

第7章 保育所における保育の評価

学びの目標

①保育記録を作成し、その記録をもとに子どもの姿や保育自体を省察・評価することによって保育の計画を見直し、これからの保育の質を向上させる流れについて理解する。
②保育者および保育所の評価の意味を知り、保育所全体としての保育の質の向上への取り組みの流れを理解する。

1. 保育の内容と実践についての記録・省察および評価

(1) 保育の記録・省察および評価の意味

『保育に生かす記録の書き方』[1]において、今井は「なぜ書くのか？ ―記録の重要性とその意義―」と題した第1章で、保育記録の意味を分析している。

この文献の記述箇所をところどころ引用しながら、下記の3つの視点で記録の意味および記録を省察・評価へとつなげていく意味について説明する。

　①子ども理解を深める
　②自らの保育を省察し、これからの保育を見直す
　③ほかの保育者と保育を共有し、これからの保育を見直す

①子ども理解を深める

　保育中の子どもの言動や気持ちなどについて保育者が記録することの意味をよく考えたい。今井は、第2節において、「書くことはよく見ることのトレーニング」と記している。子どもの表面的にあらわれたことばや行為だけで保育者が固定化した見方で子どもを見てしまうのではなく、子どもの姿を正確に捉え、そのうえでその内面の動きを掘り下げて深く子どもを理解することが非常に大切である。

　実習生や経験の浅い保育者の場合に、とくに起こりうることだが、保育中には目の前の子どもの保育をすることに精一杯となってしまうことがあると思われる。その場における保育者の子ども理解が、その瞬間の保育に影響を与えることは事実としてあるだろう。保育が終わってから日誌を記録するときになって、子どもの姿を文章にしてみることで、はじめて保育中の自分の子ども理解に疑問を生じることがある。そのときに、子どもの言葉や行為の意味をあらためて考察することで、より深く子どもの姿を理解することにつながる。

　今井は、第1節において、「いま、なぜこれを自分が書きたいと思ったのか、なぜこのことにハッとしたのかという、そのときの自分の思いを後で分析してみることが、自分が何をとらえようとしていたのか、自分はどういうものに心を向けていたのか、ということをしっかり意識化する一つの手だてなのかもしれません」と記している。まずは子どもの姿をありのままに記録すること、そしてその姿を振り返って考察し、子ども理解を深めていくことが大切である。

②自らの保育を省察し、これからの保育を見直す

　保育が終わってから日誌を記録するときになって、子どもの姿だけではなく、自らの保育の振り返りも記録をする。文章化することで、あらためて自らの保育の姿として、子どもへの言葉かけや子どもとのかかわり方、保育環境の設定などでの気づきについて、「保育中に感じてはいたけれど、あわただしくて忘れてしまっていたこと」や「改めて整理し生じた疑問点」などを記録することになる。

　その疑問点に自問自答することが大切であり、記録を通して自らの保育を振り返り省察することで、自分の保育を冷静な目で評価し見つめ直すことができる。これが、保育所保育指針（以下、「保育指針」と記す）にて記載されている「自己評価」であり、記録を通して保育の質を高めることが可能となる。

　今井は、第3節において、保育者の自己課題を明確にすることについてふれている。「保育に対して疑問が生じてくることは、保育者の視点を明確にしていくことにもなってきます」と記している。

　そうして保育者の視点が明確になり、自己課題が見えてくることで、保育のあり方・

指導計画を見直し、保育の焦点が定まってくる。子どもの姿を深く理解し、保育の焦点が定まることで、子どもとしても「自分の頭に思い描いていることを人に理解されるということ」をよろこびとして感じ、保育者としても保育に楽しさとやりがいを感じてくる、という好ましい循環へとつながっていく。

③ほかの保育者と保育を共有し、これからの保育を見直す

　保育において、保育者同士のチームワークはとても大切である。保育所には複数のクラスがあり、各クラスには複数の保育者が存在する。時差勤務も含めて考えると、1つの保育所のなかに多くの保育者がかかわっている。各々の保育者の子ども理解や保育に関する考え方にズレがあると、保育者同士の連携が取りづらいばかりか、子ども自身が混乱する原因になる。複数の保育者が共通の理解をもって保育にあたることはとても大切である。

　記録を作成して保育者同士で議論しあって共有し、お互いから学びあいかつお互いに助けあえることはとても重要なことである。そのこと自体が評価である。同一の事例を前にしても、その「事実」をどのように受け止めて理解するかは、保育者それぞれに少しずつ異なることがよくある。子ども理解や保育についての理解を複眼化することになり、職員間での議論を通してそれらを共有したとき、より客観性を増したものなる。こうして保育のあり方・指導計画はさらに質の高いものへとつながっていく。

（２）保育所保育指針から見た記録の意味

　保育所保育指針において、「指導計画の展開」にあたっての留意事項として、以下のことが記されている。

> エ　保育士等は、子どもの実態や子どもを取り巻く状況の変化などに則して保育の過程を**記録**するとともに、これらを踏まえ、指導計画に基づく保育の内容の見直しを行い、改善を図ること。
> （第1章総則　3保育の計画及び評価（3）指導計画の展開　太字および下線は、筆者による）

　また、「保育内容等の評価」について、以下のことが記されている。

> （ア）　保育士等は、保育の計画や保育の**記録**を通して、自らの保育実践を振り返り、自己評価することを通して、その専門性の向上や保育実践の改善に努めなければならない。
> （第1章総則　3保育の計画及び評価（4）保育内容等の評価　ア保育士等の自己評価　太字および下線は、筆者による）

　以上、保育所保育指針における2つの記述は、いずれも前述した今井の提唱する記録の意味である「①子ども理解を深める」「②自らの保育を省察し、これからの保育を見直す」と同様である。一方で、保育所保育指針における下記の記述より、「職員相互の話し合い等」の大切さが記されており、これは今井の提唱する「③ほかの保育者と保育を共有し、これからの保育を見直す」が該当すると考えられる。

> （ウ）　保育士等は、自己評価における自らの保育実践の振り返りや**職員相互の話し合い等**を通じて、専門性の向上及び保育の質向上のための課題を明確にするとともに、保育所全体の保育の内容に関する認識を深めること。
> （第1章総則　3保育の計画及び評価（4）保育内容等の評価　ア保育士等の自己評価　太字および下線は、筆者による）

（3）保育記録の具体例

①保育日誌

　図表1として、幼児クラス（3〜5歳児）の日誌（様式の参考例）を示す（次ページ）。日付・天候・出席児童数・欠席児童数などは、基本的な情報として記載する。行事や事務的な仕事などで職員の体制が変更になることもあるので、勤務時間も含めて記録しておくとよい。行事などがあれば、特記事項に記す。風邪や流行性の疾患など、児童の欠席が相つぐ時期もあるので、保健関係の事項は個人別およびクラス全体の様子として、特別に記載しておきたい。児童の欠席理由は、健康面の理由のみならず、家庭の事情がからみ合う複雑なケースもありうるので、わかる範囲で具体的に記しておく。

　保育の内容と実践についての記録は、「午前中の様子」「午後・夕方の様子」に記す。「印象に残ったこと・子どもの想い・保育者の想い・考察・および振り返り」の欄には、「クラスの様子」「午後・夕方の様子」には書ききれなかったことで、とくに印象に残ったことを記すようにする。短くてもよいので、印象に残った子どもの姿・職員や保護者とのやりとりなどでもよく、かんたんなエピソードも毎日の日誌に添えるように習慣づけると、その日の保育があとで目に浮かびやすく、個人記録・児童票や保育所児童保育要録（後述）・エピソード（後述）などを、あとで作成する際に役に立つ。

　また、考察および振り返りもしっかり記し、今後の保育へとつなげていくことが大切である。

　3歳未満児については、個別的な記録も必要である。図表2として乳児クラス（1〜2歳児）の個人記録（様式の参考例）を示す（155ページ）。第6章において3歳未満児の個人別指導計画（月間）についてふれたが、月間指導計画に対応する振り返り（省察）としては、図表2に示す日々の個人記録をもとに作成することになる。

②エピソード

　鯨岡らは『保育のためのエピソード記述入門』[2] および『エピソード記述で保育を描く』[3] を著し、保育の場にエピソード記述が必要であると主張した。

　『保育のためのエピソード記述入門』の「いま、なぜ保育の場にエピソード記述が必要なのか」において鯨岡は、「子どもの『育ち』といえば、すぐさま『○○ができるようになった』というように、能力の定着をもって子どもの『育ち』を捉えるべきではない」「子どもはあくまで『育てられて育つ』存在」「『子どもはいまこのような思いを抱いて生きている』というように、目に見えない子どもの気持ちの動きを捉えることが保育には欠かせません」「保育の場では保育者も一個の主体である」という考えのもと、保育者が描きたいと思うことがエピソード記述の出発点であり、保育の場の「あるがま

図表1　幼児クラスの日誌の例（3～5歳児、様式の参考例）

年度　　　　組　日誌（　　歳児）						
月　日（　）天候		在籍児童数	出席児童数	欠席児童数	記録者	園長印
^		人	人	人	： ： ：	
保健関係	特記事項			職員体制		
児童名	欠席理由・個人の様子など	今日のテーマと午前中の様子				
		午後・夕方の様子				
		明日への申し伝え				
		印象に残ったこと・子どもの想い・保育者の想い・考察・および振り返り				

154

図表2　乳児クラス（0～2歳児）の個人記録　（様式の参考例）

児童名(　　　　　　　　　)　　年　　月　　日生(　　歳　　か月)　園長印

月日	人とのかかわり・自己の育ち	生活（食事・睡眠・健康）	遊び
／ 月 記録者 (　　)		食事 睡眠 健康	
／ 火 記録者 (　　)		食事 睡眠 健康	
／ 水 記録者 (　　)		食事 睡眠 健康	
／ 木 記録者 (　　)		食事 睡眠 健康	
／ 金 記録者 (　　)		食事 睡眠 健康	
／ 土 記録者 (　　)		食事 睡眠 健康	

ま」のエピソードをほかの保育者と共有することが重要であるとしている。

こういった「あるがまま」のエピソードを、園内研修という位置づけで、いろいろなクラスのエピソードとしてほかの全職員の前で紹介し、子ども理解・保育についてフリーに議論をすることで、子ども理解を深め、保育を省察することができる。ある保育所の3歳児クラスにおけるエピソード（8月）を以下に実例として紹介したい。

夕方、ホールにて遊んでいたときのエピソード

　Tくんが台形積み木で小屋のように囲いをつくり、そこにすっぽりと収まって遊んでいました。Kくん、Lくん、Mくんなど、いろいろな人が集まってきて、「入りたい」「入れて」といいながら、その小屋のなかに入ってこようとします。
　Tくんはそれに対し「いいよ」などとはいわず、若干迷惑がりながらも、なんとなく受け入れていました。ですが（強引に入っていこうとした）Mくんに対してだけは断固拒否の姿勢で、「Mくんはダメ！」押したりして入れないようにしていました。その小屋のなかに入りたいMくんは、「入りたい」と繰り返しながら隙間を見つけて入ろうとしますが、Tくんは許さない。でも、そんなことをしている間に、Mくん以外の人はどんどん入っていく。「入りたいのに入れない」だけでなく「ほかの友だちは入っていくのに自分は入れない」ことが重なり、さらに納得がいかないMくんはより強引に入ろうとしていきました。
　そこでTくんがMくんに一発顔面に平手打ちをしました。やり返すMくん。Tくんさらにもう一発。負けじとMくんも一発。それぞれがもう何発かやったあと、Mくんは手にもっていたブロックでTくんの頭を叩きました。ここでTくんは泣いてめげてしまい、Mくんは小屋のなかに入り込み、先に入っていたKくん、Lくんたちと遊び始めました。3人はTくんのつくった小屋をどんどん崩し、「こっちにしよう」「ここにしよう」と自分たちの小屋につくり替えていきました。
　Tくんは自分の目の前にあった積み木を1つ胸の前に抱えながらしばらく泣き、泣きながら小屋に入った3人の様子を見ていました。しばらくして泣き止み涙のなくなった

> Tくんは、抱えていた積み木をズズズッと押して3人のところに向かいひと言、「お届け物でーす」といって新しい小屋にくっつけ、自分も小屋のなかに収まり遊びに加わっていったのでした。

　担当保育者は次のように言っていた。「Tくんは、いつももちきれないほどのおもちゃを抱えています。そうすることで自分の気持ちを安心させているのか、何かから自分を守っているのか。そのような印象を受けます。だからもっているものを取られそうになったりするとものすごく怒るし、すぐに手もでる。けれども、そうやっていろいろなおもちゃをたくさん抱えて自分を安心させても、それが友だちとの楽しい遊びにつながっているようには、私にはあまり見えないでいます」。
　このエピソードをもとに、Tくんをどのように理解するか、Kくん・Lくん・Mくんをどのように理解するか、そのときの保育者の対応はどうか、といったことをフリーに園内研修として職員間で話し合うなかで、子ども理解を深めるとともに、さまざまなケースの想定されるなか、保育者はどのように行動するべきなのか、といったことも自然と話題にのぼっていく。
　エピソードを新規に作成するには、非常に時間がかかる。日々記録する保育日誌の一部分に、少しの分量でもよいのでエピソードを書く欄を設けておけば、改めて園内研修向けの資料としてエピソードを作成する必要がない。これは忙しい保育現場に向いた方法と考えられる。
　章末の練習問題②として、このエピソードをどのように理解するかについて話題提起したので、ぜひ考察していただきたい。

2. 保育の計画の再作成

　保育実践記録の作成を通して保育実践を振り返ったとき、指導計画の立案時には保育者が思いもかけなかったような子どもの姿が見えてくることもある。子どもの表面的な姿にとどまらず、いろいろな観点から子どもをていねいに見ることで、さらに子ども理解を深めることができる。
　予想外の子どもの姿をもとに、次の保育実践の進め方を検討するとき、指導計画の修正が必要になる。本節では、指導計画の再編成の過程を、例をあげながら示していく。
　次ページの図表3に保育の計画の再編成の例を示す。ここでは、当初作成した週案を黒字で示している。表の右端の「振り返り・気づき・子どもの姿」は、その週の保育実

図表3　保育の計画の再作成

○○年度　　9月　　週案　　　　　　　　　　　りす組（3歳児）			
ねらい	活動予定	配慮・援助・準備	振り返り・気づき・子どもの姿
1週目 水遊びを楽しむ 3日〜8日	シーズン最後のプール遊びを楽しむ。	少しくもっていたり、寒い日があった場合は、無理をしてプールに入らず、園庭にて遊ぶように切り替える。	よく晴れた1週間になり、子どもたちは存分にプールを楽しむことができた。
2週目 さんまの会にて秋を感じる。 10日〜15日	・魚屋に散歩に出かけ、秋の味覚・さんまを見に行く。 ・14日にはさんまの会を行い、さんまを丸ごと炭火焼きにして食べる。 ・クレヨンを使って絵も描いてみる（さんまを題材として）。	・夏のプールシーズン以来、ひさしぶりの園外散歩になるので、手つなぎや交通ルールなど、職員も確認するとともに、子どもにもしっかり伝達する。 ・さんまの会では、子どもが火に近づきすぎてやけどをしないように注意する。 ・クレヨンは普段から遊びで使うようにする。	・道路を散歩中に、子ども同士でつないでいた手を急にふりほどいて列を離れていく子がいてひやっとした。 ・丸ごと1尾のさんまを見て、子どもたちはとても印象的だった様子。
3週目 10月の運動会に向かって、公園に行ってかんたんなルール遊びをしてみる 3日〜8日	運動会を行う予定の公園に散歩に行き、わらべ歌遊び（からすかずのこ・はないちもんめなど）や、体を動かす遊び（しっぽとりなど）を楽しむ。	・道路を散歩中は絶対に隣の子との手を離さないことを毎回子どもに念を押して伝え、安全には注意する。 ・ルールのある遊びについて、子どもたちの理解の様子をよくみて、どんな遊びが楽しめるかをみる。 ・しっぽとりでは、しっぽをとられて悔しい思いをする子もいるだろうが、そういった遊びも含めていろいろ経験をしてみんなで楽しめるように考えていく。	・散歩中の安全について子どもたちに毎回話をすることで、しっかりと安全に道路を歩くことができた。声かけを継続したい。 ・「からすかずのこ」の遊びをするときに、友だちのおしりを強くたたく子どもがいて嫌がった子がいた。強くやり過ぎてほかの子が嫌な気持ちになることのないように、「やさしくやろうね」と伝えることで楽しく遊ぶことができた。
4週目 10月の運動会に向かって、公園に行ってかんたんなルール遊びをする 24日〜29日	運動会を行う予定の公園に散歩に行き、前週の様子もみて、子どもたちが楽しんで盛りあがっていきそうな遊びをさらに遊びこんでいく。	・道路を散歩中は絶対に隣の子との手を離さないことを毎回子どもに念を押して伝え、安全には注意する。 ・ルールのある遊びについて、子どもたちの理解の様子をよくみて、場合によってはルールをアレンジしながら、子どもたちが十分に楽しめるように遊びを展開する。→わらべ歌遊びを楽しく遊ぶためのコツも子どもたちに伝えるようにする。	週末に記載

践を振り返り、週の最後に記入する欄である。

2週目の「振り返り・気づき・子どもの姿」のなかに赤字で記した散歩中の安全に関するヒヤリ・ハットを教訓として、次の3週目の指導計画の「配慮・援助・準備」欄に赤字で対応を追記した。このように、保育実践の省察をもとに次週の指導計画を改善していくことが大切である。

3週目の「振り返り・気づき・子どもの姿」のなかに赤字で記したわらべ歌遊び「からすかずのこ」に関する記録をもとに、子どもたちが楽しくわら

べ歌遊びを展開していけるよう、次の4週目の指導計画の「配慮・援助・準備」欄に配慮すべき事項をつけ足した。これも、指導計画の改善につながっている。

週案の見直しと再構成は、月間指導計画の見直しと再構成につながる。計画性をもって保育にあたることはもちろん大切であるが、最初に立案した指導計画にとらわれ過ぎてはいけない。日々の保育の省察を通して、柔軟に指導計画を見直していく態度を身につけてほしい。

3. 保育所児童保育要録のあり方について

（1）保育の評価の一形態としての保育所児童保育要録の概略

ここでは、保育の評価の一形態として、保育所児童保育要録（以下、「保育要録」と記す）のあり方について述べる。

「子どもの育ちを支えるための資料」として、保育所に入所している一人ひとりの子どもの就学予定の小学校へ送付する資料が保育要録である。それは、保育所保育指針の以下の記述を根拠として、保育者が作成する資料である。

> ウ　子どもに関する情報共有に関して、保育所に入所している子どもの就学に際し、市町村の支援の下に、子どもの育ちを支えるための資料が保育所から小学校へ送付されるようにすること。
>
> 　　　（第2章保育の内容　4保育の実施に関して留意すべき事項（2）小学校との連携より）

　保育所から小学校へ進学するにあたり、保育所でのこれまでの子どもの育ちを小学校での生活や学びにつなげていくことは、とても大切なことである。幼児期に保育所にて育まれた資質・能力を踏まえ、「幼児期の終わりまでに育ってほしい姿」を小学校教諭と共有し、保育所保育と小学校教育との円滑な接続を図ることが大切となる。

　「幼児期の終わりまでに育ってほしい姿」は、2017（平成29）年告示の保育所保育指針、幼稚園教育要領、幼保連携型認定こども園教育・保育要領において、はじめて記載された。また、同年に告示された小学校学習指導要領においても、下記に示すように、「幼児期の終わりまでに育ってほしい姿を踏まえた指導を工夫すること」と明記された。

> （1）幼児期の終わりまでに育ってほしい姿を踏まえた指導を工夫することにより、幼稚園教育要領等に基づく幼児期の教育を通して育まれた資質・能力を踏まえて教育活動を実施し、児童が主体的に自己を発揮しながら学びに向かうことが可能となるようにすること。（以下、略）
>
> 　　　　　　　　（第1章総則　第2　教育課程の編成　4学校段階等間の接続より）

　小学校学習指導要領における「幼稚園教育要領等に基づく幼児期の教育」という表現には、「幼稚園教育要領に基づく幼児期の教育」のみならず、「保育所保育指針に基づく幼児期の保育」「幼保連携型認定こども園教育・保育要領に基づく幼児期の教育・保育」も含まれていることに注意が必要である。保育所保育指針の改定により、保育所は「幼児教育を行う施設」とされ、幼児教育は幼稚園のみが行うものではないことが明確化された。幼稚園、保育所、幼保連携型認定こども園のいずれもが幼児期の教育を行っているということを理解する必要がある。

　さらに、小学校学習指導要領には、下記のようにも記されている。

> （1）…（略）…特に、小学校入学当初においては、幼児期において自発的な活動としての遊びを通して育まれてきたことが、各教科等における学習に円滑に接続されるよう、生活科を中心に、合科的・関連的な指導や弾力的な時間割の設定など、指導の工夫や指導計画の作成を行うこと。
>
> 　　　　　　　　（第1章総則　第2　教育課程の編成　4学校段階等間の接続より）

小学校の低学年の教育においては、「スタートカリキュラム」[4]を編成し、幼児期の遊びを通した総合的な指導により育まれてきた資質・能力が、小学校の各教科学習に円滑に接続されるように、小学校の教育課程を編成することの大切さが、ここに記されているのである。

　保育要録の実際の様式は、それぞれの地域の事情に即して市町村で定めることになるが、そのもととなる「様式の参考例」は、厚生労働省通知（子保発0330第2号：平成30年3月30日）に記されている（図表4、図表5、図表6参照）。

　図表4・図表5の様式において、以下の内容を記入する（厚生労働省通知　子保発0330第2号より）ことになる。

●入所に関する記録（図表4に記入）
❶児童の氏名、性別、生年月日および現住所
❷保護者の氏名および現住所
❸児童の保育期間（入所および卒所年月日）
❹児童の就学先（小学校名）
❺保育所名および所在地
❻施設長名氏名
❼担当保育士名

●保育に関する記録（図表5に記入）
保育の過程と子どもの育ちに関する事項：最終年度における保育の過程および子どもの育ちについて、次の視点から記入するようにする。
❽最終年度の重点：年度当初に、全体的な計画に基づき、長期の見通しとして設定したものを記入する。
❾個人の重点：1年間を振り返って、子どもの指導について、とくに重視してきた点を記入する。
❿保育の展開と子どもの育ち：次の3つの点に留意しながら記入する。
　　（1）最終年度の1年間の保育における指導の過程および子どもの発達の姿について記入する。
　　（2）就学後の指導に必要と考えられる配慮事項などについて記入する。
　　（3）記入にあたっては、とくに小学校における子どもの指導に生かされるよう、第1章総則に示された「幼児期の終わりまでに育ってほしい姿」を活用して子どもに育まれている資質・能力を捉え、指導の過程と育ちつつある姿をわかりやすく記入するように留意する。その際、「幼児期の終わりまでに育っ

図表4　保育所児童保育要録（様式の参考例）〜入所に関する記録

保育所児童保育要録（入所に関する記録）

児童	ふりがな 氏　名	❶	性　別	
	現住所	❶　　　　　　　　　年　　月　　日生		
保護者	ふりがな 氏　名	❷		
	現住所	❷		

入　所	❸　　　年　　月　　日	卒所	❸　　　年　　月　　日

就学先	❹
保育所名 及び所在地	❺
施　設　長 氏　名	❻
担当保育士 氏　名	❼

162

図表5　保育所児童保育要録（様式の参考例）〜保育に関する記録

保育所児童保育要録（保育に関する記録）

本資料は，就学に際して保育所と小学校（義務教育学校の前期課程及び特別支援学校の小学部を含む。）が子どもに関する情報を共有し，子どもの育ちを支えるための資料である。

ふりがな		保育の過程と子どもの育ちに関する事項	最終年度に至るまでの育ちに関する事項
氏名	❶	（最終年度の重点）❽	❿
生年月日	❶　　年　　月　　日		
性別		（個人の重点）❾	
	ねらい（発達を捉える視点）	（保育の展開と子どもの育ち）❿	
健康	明るく伸び伸びと行動し，充実感を味わう。		
	自分の体を十分に動かし，進んで運動しようとする。		
	健康，安全な生活に必要な習慣や態度を身に付け，見通しをもって行動する。		
人間関係	保育所の生活を楽しみ，自分の力で行動することの充実感を味わう。		
	身近な人と親しみ，関わりを深め，工夫したり，協力したりして一緒に活動する楽しさを味わい，愛情や信頼感をもつ。		
	社会生活における望ましい習慣や態度を身に付ける。		**幼児期の終わりまでに育ってほしい姿** ※各項目の内容等については，別紙に示す「幼児期の終わりまでに育ってほしい姿について」を参照すること。
環境	身近な環境に親しみ，自然と触れ合う中で様々な事象に興味や関心をもつ。		健康な心と体
	身近な環境に自分から関わり，発見を楽しんだり，考えたりし，それを生活に取り入れようとする。		自立心
	身近な事象を見たり，考えたり，扱ったりする中で，物の性質や数量，文字などに対する感覚を豊かにする。		協調性
言葉	自分の気持ちを言葉で表現する楽しさを味わう。		道徳性・規範意識の芽生え
	人の言葉や話などをよく聞き，自分の経験したことや考えたことを話し，伝え合う喜びを味わう。		社会生活との関わり
			思考力の芽生え
	日常生活に必要な言葉が分かるようになるとともに，絵本や物語などに親しみ，言葉に対する感覚を豊かにし，保育士等や友達と心を通わせる。		自然との関わり・生命尊重
			数量や図形，標識や文字などへの関心・感覚
表現	いろいろなものの美しさなどに対する豊かな感性をもつ。		言葉による伝え合い
	感じたことや考えたことを自分なりに表現して楽しむ。	（特に配慮すべき事項）⓫	豊かな感性と表現
	生活の中でイメージを豊かにし，様々な表現を楽しむ。		

保育所における保育は，養護及び教育を一体的に行うことをその特性とするものであり，保育所における保育全体を通じて，養護に関するねらい及び内容を踏まえた保育が展開されることを念頭に置き，次の各事項を記入すること。
○保育の過程と子どもの育ちに関する事項
＊最終年度の重点：年度当初に，全体的な計画に基づき長期の見通しとして設定したものを記入すること。
＊個人の重点：1年間を振り返って，子どもの指導について特に重視してきた点を記入すること。
＊保育の展開と子どもの育ち：最終年度の1年間の保育における指導の過程と子どもの発達の姿（保育所保育指針第2章「保育の内容」に示された各領域のねらいを視点として，子どもの発達の実情から向上が著しいと思われるもの）を，保育所の生活を通して全体的，総合的に捉えて記入すること。その際，他の子どもとの比較や一定の基準に対する達成度についての評定によって捉えるものではないことに留意すること。あわせて，就学後の指導に必要と考えられる配慮事項等について記入すること。別紙を参照し，「幼児期の終わりまでに育ってほしい姿」を活用して子どもに育まれている資質・能力を捉え，指導の過程と育ちつつある姿をわかりやすく記入するように留意すること。
＊特に配慮すべき事項：子どもの健康の状況等，就学後の指導において配慮が必要なこととして，特記すべき事項がある場合に記入すること。
○最終年度に至るまでの育ちに関する事項
　子どもの入所時から最終年度に至るまでの育ちに関し，最終年度における保育の過程と子どもの育ちの姿を理解する上で，特に重要と考えられることを記入すること。

図表6　保育所児童保育要録（様式の参考例）～幼児期の終わりまでに育ってほしい姿について

幼児期の終わりまでに育ってほしい姿について

\multicolumn{2}{l}{保育所保育指針第1章「総則」に示された「幼児期の終わりまでに育ってほしい姿」は，保育所保育指針第2章「保育の内容」に示されたねらい及び内容に基づいて，各保育所で，乳幼児期にふさわしい生活や遊びを積み重ねることにより，保育所保育において育みたい資質・能力が育まれている子どもの具体的な姿であり，特に小学校就学の始期に達する直前の年度の後半に見られるようになる姿である。「幼児期の終わりまでに育ってほしい姿」は，とりわけ子どもの自発的な活動としての遊びを通して，一人一人の発達の特性に応じて，これらの姿が育っていくものであり，全ての子どもに同じように見られるものではないことに留意すること。}

健康な心と体	保育所の生活の中で，充実感をもって自分のやりたいことに向かって心と体を十分に働かせ，見通しをもって行動し，自ら健康で安全な生活をつくり出すようになる。
自立心	身近な環境に主体的に関わり様々な活動を楽しむ中で，しなければならないことを自覚し，自分の力で行うために考えたり，工夫したりしながら，諦めずにやり遂げることで達成感を味わい，自信をもって行動するようになる。
協同性	友達と関わる中で，互いの思いや考えなどを共有し，共通の目的の実現に向けて，考えたり，工夫したり，協力したりし，充実感をもってやり遂げるようになる。
道徳性・規範意識の芽生え	友達と様々な体験を重ねる中で，してよいことや悪いことが分かり，自分の行動を振り返ったり，友達の気持ちに共感したりし，相手の立場に立って行動するようになる。また，きまりを守る必要性が分かり，自分の気持ちを調整し，友達と折り合いを付けながら，きまりをつくったり，守ったりするようになる。
社会生活との関わり	家族を大切にしようとする気持ちをもつとともに，地域の身近な人と触れ合う中で，人との様々な関わり方に気付き，相手の気持ちを考えて関わり，自分が役に立つ喜びを感じ，地域に親しみをもつようになる。また，保育所内外の様々な環境に関わる中で，遊びや生活に必要な情報を取り入れ，情報に基づき判断したり，情報を伝え合ったり，活用したりするなど，情報を役立てながら活動するようになるとともに，公共の施設を大切に利用するなどして，社会とのつながりなどを意識するようになる。
思考力の芽生え	身近な事象に積極的に関わる中で，物の性質や仕組みなどを感じ取ったり，気付いたりし，考えたり，予想したり，工夫したりするなど，多様な関わりを楽しむようになる。また，友達の様々な考えに触れる中で，自分と異なる考えがあることに気付き，自ら判断したり，考え直したりするなど，新しい考えを生み出す喜びを味わいながら，自分の考えをよりよいものにするようになる。
自然との関わり・生命尊重	自然に触れて感動する体験を通して，自然の変化などを感じ取り，好奇心や探究心をもって考え言葉などで表現しながら，身近な事象への関心が高まるとともに，自然への愛情や畏敬の念をもつようになる。また，身近な動植物に心を動かされる中で，生命の不思議さや尊さに気付き，身近な動植物への接し方を考え，命あるものとしていたわり，大切にする気持ちをもって関わるようになる。
数量や図形，標識や文字などへの関心・感覚	遊びや生活の中で，数量や図形，標識や文字などに親しむ体験を重ねたり，標識や文字の役割に気付いたりし，自らの必要感に基づきこれらを活用し，興味や関心，感覚をもつようになる。
言葉による伝え合い	保育士等や友達と心を通わせる中で，絵本や物語などに親しみながら，豊かな言葉や表現を身に付け，経験したことや考えたことなどを言葉で伝えたり，相手の話を注意して聞いたりし，言葉による伝え合いを楽しむようになる。
豊かな感性と表現	心を動かす出来事などに触れ感性を働かせる中で，様々な素材の特徴や表現の仕方などに気付き，感じたことや考えたことを自分で表現したり，友達同士で表現する過程を楽しんだりし，表現する喜びを味わい，意欲をもつようになる。

保育所児童保育要録（保育に関する記録）の記入に当たっては，特に小学校における子どもの指導に生かされるよう，「幼児期の終わりまでに育ってほしい姿」を活用して子どもに育まれている資質・能力を捉え，指導の過程と育ちつつある姿をわかりやすく記入するように留意すること。また，「幼児期の終わりまでに育ってほしい姿」が到達すべき目標ではないことに留意し，項目別に子どもの育ちつつある姿を記入するのではなく，全体的，総合的に捉えて記入すること。

てほしい姿について」の趣旨や内容を十分に理解するとともに、これらが到達すべき目標ではないことに留意し、項目別に子どもの育ちつつある姿を記入するのではなく、全体的かつ総合的に捉えて記入する。

⓫特に配慮すべき事項：子どもの健康の状況など、入学後の指導における配慮が必要なこととして、特記すべき事項がある場合に記入する。

⓬最終年度に至るまでの育ちに関する事項：子どもの入所時から最終年度に至るまでの育ちに関して、最終年度における保育の過程と子どもの育ちの姿を理解するうえで、とくに重要と考えられることを記入する。

（2）保育要録の作成にあたって留意しておきたいこと

①保育所から小学校に向けて、子どもの育ちをつなげていく

保育要録は「子どもの育ちを支えるための資料」である。「子どものできる・できないの評価をするための資料」ではない。これまでの保育所生活における子どもの育ちの過程を振り返り、一人ひとりの子どもに対し、保育所でこれまで行ってきた援助と配慮があって、就学に向けて現在の育ちの姿に至っていることを念頭に置き、保育要録を作成することが大切である。

保育者から小学校教諭への「指導のバトン渡し」の意味で、就学当初から小学校教諭が子どもの育ちを支える環境を整えやすいよう、小学校教諭による子どもの現状理解を助ける資料として、的確な内容で保育要録を作成するようにしたい。

②子どものもつ可能性が伝わるようにする

子どもの全体的な姿を伝えるにあたって、とくに、子どものもつ長所や得意なことが伸びていくことを願い、その子どものもつ可能性を小学校に伝えていくよう保育要録を作成する姿勢が大切である。小学生になるという子ども自身の期待が、子どもの自信につながり、安心した小学校生活へとつながっていくことを願うようでありたい。

③保護者の想いを理解し、保護者にも内容を知らせる

就学を前にして期待とともに不安が混じる気持ちをもつのは、子どもだけではなく保護者も同様である。保護者と保育者との間で築いてきたよい信頼関係は、保護者と小学校教諭との間で、さらによい信頼関係へと発展させていくことができるよう、保育者として応援したいものである。保護者の想いに寄り添いながら、一人ひとりの子どもの就学後の生活や学習がよい状態となるよう、保育要録の記載内容は、保護者にもある程度伝えておくよう留意したい。この際、個人情報保護の観点での十分な配慮は、欠かすこ

とのないようにするべきである。

（3）保育要録を記述する際に実際の作業として工夫したい点

①日々の保育記録の積み重ねから保育要録をまとめあげる

　保育期間が長期にわたる子どもにおいて、子どもの入所から卒所までの間の保育所生活全体を通した育ちの過程を踏まえ、全体像を通して総合的に記載することは、非常に大変な業務である。指導計画を作成し、日々の保育において実際に子どもと向き合い、記録し、その保育実践の中から指導計画を見直す、という日常的なサイクルに加えて保育要録の作成が必要と考えると、保育者にとって大きな負担となる。毎月作成する個人記録などを保育要録の作成に最大限生かすようにしたい。

　また、保育要録の作成業務を年長児クラスの担任だけで抱え込むのではなく、園全体の取り組みとして保育要録を作成する体制を整備することが望ましい。

（4）保育要録を最大限生かしていくために工夫したいこと

　保育要録を小学校に送付するだけではなく、これをきっかけとして保育者と小学校教諭が互いを理解し、連携を取り合うことが大切である。

　小学校には、いくつもの保育所や幼稚園などの幼児教育施設から子どもたちが進学する。それぞれの幼児教育施設は、とくに私立施設の場合、幼児期の教育のあり方についてそれぞれの特徴ある考え方をもっており、それらのすべてと小学校とで連携をていねいに取ることは容易ではない。

　保育要録を作成して小学校に送付することが一つのきっかけになってもよいし、日々の保育の中での園児と小学生の交流を通じてでもよいので、保育者と小学校教諭とが双方の保育や教育の考え方を理解しようとすることが大切である。

4. 保育者および保育所の評価

（1）保育者の自己評価の意味

　保育者は、自らの保育の質を高めるために自己評価を行うべきである。具体的には、以下の2点を深めていくことになる。

①子どもの理解を深めること

　一人一人の子どもたちの育ちとして、身体的な発達および心情・意欲・態度といった精神的な発達も含めて、まず、子どもの状態についての理解を深めることが大切である。本書の第1節で述べたように、まず記録をし、記録した子どものことばや行為の意味を掘り下げて考察することにより、理解を深めることができる。

②自らの保育を省察すること（保育者間の会議などによる「評価」も含め）

　自らの保育実践を省察し、前項①で深めた子どもの理解と合わせることで、今後、自らがどんな保育をすればよいのかが見えてくる。ここでいう「自ら」とは、狭義の意味での「自己」だけではなく、連携を取って保育をしている保育者なども含めている。会議などの場における保育者間の議論を通して自分や同僚の保育について認識を新たにすることもあるだろう。このようにして、保育観が共有され、自らの保育の省察へとつながっていく。

　以上のようにして保育者の専門性が向上し、保育の質を向上させるにはどのようにしたらよいのかが明らかになってくる。
　自己評価は、日常的に行うものである。日々の日誌をもとに自分の保育実践記録を整理して気づきがでるのも「自己評価」であるし、同じクラスの職員やブロック単位での職員会議での議論も「自己評価」につながる。
　自己評価を次の指導計画に反映させていくことで、今後の自らの保育の質が高まっていく。

（2）保育所の自己評価の意味

　前項（1）にあげた保育者などの自己評価にもとづき、保育の質の向上を図ることを目的として、保育所の保育理念・保育方針・保育目標の達成を目指した全体的な計画と指導計画について、必要に応じて適宜見直すことが大切である。
　保育所の実態として、地域性や子どもや保護者もちがえば目指す理念も各々に異なるというなかで、画一的な評価スケールが存在するということはない。園長（施設長）を含めた保育所全体として、自らの保育の内容とその運営について、組織的に評価し、検討していくことになる。
　自己評価の結果として、すぐに改善できることもあれば、次年度からの事業計画に繰り込むこともあるだろうし、数年の期間をもってステップを踏んで改善していくことも

あるだろう。

　保育所の自己評価のために必要な情報として、地域のニーズの調査や保育所利用者による調査結果も参考になるだろう。保育所利用者調査については、次の（3）を参照されたい。

（3）保育所利用者・第三者による評価の意味

　（1）（2）でふれた保育者および保育所の自己評価は、保育の質を高めることに対して非常に有効である。しかし、自己評価のみに過度に依存すると評価が主観的なものになってしまう可能性がある。自己評価に加えて第三者による評価も実施することで自己評価だけではあらわれにくい点を多面的に洗いだし、より高い質の向上につながる可能性が生まれる。

　一方、利用者による保育施設選択という観点で、自らの家庭に合った保育施設を保護者自身が選択することはとても難しいものである。

　「保育所選びの際は、事前に十分確認してください」といわれても、保護者の立場としては、何を確認し、どうやって調べればいいのか、どの情報をあてにすればいいのかなど、悩んでしまうことはしばしばありうることだろう。交通の利便性や開所時間だけで保育所を選択してしまうのではなく、よりその子どもや家庭に合った保育施設を選択できるようでありたいものである。

　そのような際に、第三者的立場の評価機関によって調査・公表された結果があれば、保育所選択の際の有効な考慮材料となりうる。

　第三者評価では、たとえば「利用者調査」と「事業評価」の2つの評価手法を用いる。「利用者調査」とは、保育所の保護者に対してアンケートなどにより評価機関が調査を行い、保護者の視点から見た保育の質やサービスとしての観点での保育所に対する声を調査するものである。「事業評価」とは、保育所の自己評価や訪問調査などの過程を経て、その保育所の組織運営の力や現在提供されているサービスの質を評価するものである。これらの結果がホームページなどで公表され、利用者の保育所選択の際の検討情報として利用される。

　第三者評価を通して得られた客観的な視点によって保育所が改善される可能性があり、行政も定期的に第三者評価を受審するように保育所に指導している。各保育所も、結果をふまえて、よりよい保育施設になるように改善を行っている。

　しかし、利用者による評価結果の受け止め方には注意をしたい。保護者の利便性向上を強く優先するべきととらえてしまうと、「子どもの最善の利益」があと回しにされかねない危険性がある。評価結果をどのように受け止めてどのようにフィードバックして

いくべきか、このことはとても大切なことである。

練習問題

① 保育の記録をなぜ作成するのか、また保育の記録をどのように使っていくべきなのか、自分の考えをまとめてみよう。

② 156ページの「夕方、ホールにて遊んでいたときのエピソード」を読み、Tくんの心の動きをどのように理解するかについて考察してみよう。また、自分がその場にいたと想定したとき、保育者としてどのように振る舞っていたかを想像しよう。そして、どのように振る舞うべきかについて、自分の考えをまとめてみよう。

引用文献

1) 今井和子『保育に生かす記録の書き方』ひとなる書房、1999
2) 鯨岡峻・鯨岡和子『保育のためのエピソード記述入門』ミネルヴァ書房、2007
3) 鯨岡峻・鯨岡和子『エピソード記述で保育を描く』ミネルヴァ書房、2009
4) 文部科学省国立教育政策研究所教育課程研究センター編著『発達や学びをつなぐスタートカリキュラム』学事出版、2018
5) 『保育所児童保育要録と保小連携に関する調査研究報告書』社会福祉法人日本保育協会、2012、p.8

参考文献

・厚生労働省『保育所保育指針―平成29年告示』フレーベル館、2017
・酒井朗・横井紘子『保幼小連携の原理と実践』ミネルヴァ書房、2011

第8章 実習につなげるために

学びの目標

①幼児（3・4・5歳児）と乳児（0・1・2歳児）の指導計画の考え方を理解する。
②3歳児と1歳児の指導計画を作成する。

1. 実習生が作成する指導案について

　保育所の実習において、実習生が立てる指導案は、短期的指導計画である**1日の指導計画**である。実習を行う保育所には、全体的な計画があり、それにもとづくクラスの年間指導計画がある。年間指導計画を月ごとに詳しく具体化した月案があり、月案を週ごとに具体化した週案がある。実際に立てる1日の指導計画は、この週案のなかに含まれるものとなる。実習生は、**実習を行う週のねらいを理解しておく必要がある**。

　実習のなかで、実習生が計画を立てて行うものは、部分実習と責任実習といわれるものである。**部分実習**とは、1日の生活のなかで、どこかの一部分を実習生が主となって行うものであり、午前中の活動部分であることが多い。**責任実習**とは、実習生がリーダーとなって午前の活動を行ったり、1日の

巧技台を登る（詳しくは184ページ）

保育をすべて行うこともある（1日実習、全日実習ともいう）。

では、実習の指導計画は、どのような点に留意をして立てることが必要なのだろうか。

（1）子どもの実態を理解する

現在の子どもの姿（発達・興味・関心）の正しい理解をする。1日の生活の流れを実習が始まった日から具体的に観察して、記録しておく（実習日誌）。生活の仕方、友だち関係、遊びなどを把握し、自分が見た子どもの様子や発達の特徴を捉えておく。それらを「子どもの姿」として記入する。

また、保育所保育指針、本書第4章の発達過程表、保育に関する専門書なども参考に、発達の目安を把握する。担任から子どもたちの様子を聞き、日誌や記録も参考にさせてもらうとよいだろう。さらに、特別の配慮が必要な子どもについても事前に確認をしておく必要がある。

（2）月案や週案との関係を知る

週案や月案が実習先の保育所で見せてもらえる場合は、参考にするが、無理な場合は、担当の保育者からその月や週のねらいを聞くことが大切である（できれば実習を行うことになる1週間の予定を聞いておくとよい）。事前に前日の活動を聞き、同じような活動にならないように気をつける。

（3）ねらい・内容を考える

その週のねらいを理解したうえで、その日のねらいを考える。ねらいは子どもに「こうあってほしい」という保育者の願いでもあり、子どもが自発的に「やってみたい」と思うことが大切である。ねらいは子どもにとってのねらいとなるため、主語は「子ども」と考えること。具体的な言葉で「○○を楽しむ」「○○を知る」などと表記する。

内容とは、活動の内容である。ねらいを達成するためにどんな活動をするのか。実習を始めてから観察した子どもの姿から、好きな遊びやその週に続いている遊びを考慮して決める。

（4）時間配分・環境構成を考える

部分実習の場合は、自分が活動を行う時間を確認し、その時間のなかで活動が終了し、

次の活動に移るまでを考えておく。責任実習の場合は、1日行うのか、午前中であるのか、午睡（お昼寝）までなのかを担当保育者に確認する。

時間配分は実習生が困ることのひとつであり、机上の時間配分どおりにはいかないことが多々ある。子どもたちが集まるのにはどのくらいの時間がかかるのか。絵本1冊を読むのには何分かかるのか。制作活動では、早くできた子どもと遅い子どもではどのくらいの時間差があるのかなど、責任実習を行うまでの保育のなかで、観察しておくべきことは多くある。

環境構成については、活動の内容に即した環境を考える。図にしてあらわすとよい。子どもの座り方、机の配置、準備する物の数や置き場所、保育者（実習生）の位置などを具体的に記入する。子どもが自分からかかわりたいと思えるような場を工夫する。

（5）子どもの活動を予測する

その日の主な活動の様子をイメージして書くのである。すべてが想像では書けないが、それまでの実習からの子どもの姿を思いだし、「こうなるであろう」と思われる姿を書いてみる。あくまでも「予測」であるので、そのとおりになるとは限らない。しかし、子どもの姿や行動を詳しく書くことで、保育の流れが理解でき、子どもの姿もさまざまなものを予測することで、ハプニングにも対応しやすくなるのである。

（6）援助や留意点を考える

「子どもの活動」に対する保育者（実習生）の声かけや援助についてであるが、この援助もそれまでの実習のなかで、クラスの担当保育者がどんな声かけや援助をしていたのか、その声かけにはどんな意味があったのかなど、しっかり把握しておくことが重要となる。子ども一人一人へのまなざしや声かけの大切さを学びながら指導案に生かせるとよい。

子どもがどのように遊びを始めて、どのように終わりにしていくのかということを予測し、そのときの子どもへの声かけや保育者（実習生）の立つ位置などもあわせて予測してみる。

また、見直しを行い担当の保育者と相談することで、より具体的な指導案作成となる。見直すポイントは、「活動やねらいは、対象の年齢に合っているか」「ゆとりをもった時間配分か」「活動の内容は具体的になっているか」「環境構成は図も利用しているか」「配慮事項は細かく書けているか」などである。

2. 幼児（3・4・5歳児）の指導案を作成するうえでの留意事項

　3・4・5歳の時期は、遊びがとても重要な時期であり、自発性がもっとも発揮されるときでもある。また、友だちとかかわって遊ぶことが楽しくなり、十分にその楽しさを体験することによって、友だち関係を深め仲間意識へと育っていくのである。

　また、遊びに連続性があらわれ、同じ遊びを継続して楽しむ様子や、一つの遊びからイメージを広げ、発展した遊びを楽しむこともできるようになる。幼児の遊びが発展した形で行事として行われることも多くみられる（お店屋さんごっこなど）。

　以上のことから幼児の指導案を作成するうえで基本的なことは、「**子どもの自発性を大事にすること**」「**友だちとのかかわりを重要視すること**」「**行事も子どもの主体性が発揮できること**」である。そして指導計画は、柔軟性をもつことも必要である。

（1）3歳児の指導計画の例

　次に、実習生が実際の指導計画を作成する際の手順を見ていこう。まず、指導計画の用紙の項目を確認しよう。さまざまな形式があるが、ここでは例として176ページの図表1をあげる。この指導計画には、「子どもの姿」「実習生氏名」「月日」「対象児」「ねらい」「主な活動」「準備・材料」「時刻」「環境構成」「予想される子どもの活動」「実習生の活動と援助の留意点」の項目がある。

　次に実習が始まった日から、3歳児クラスの1日の流れを具体的に観察し、記録しておく（実習日誌にまとめておく）。生活の仕方、友だち関係、遊びなどを把握する。自分が見た子どもの様子や発達の特徴を捉えておく。それらを「子どもの姿」として記入する。

　本書第6章の図表6は、3歳児の指導計画である（135～136ページ）。実際の3歳児の保育に使われたものであるので、この計画からどのようなことに留意して、ほかの項目について作成するのかを見ていきたい。「ねらい」であるが、その月のねらいから週のねらいを確認し、その日のねらいを立てる。この場合は週案に記されている。「公園に行って簡単なルール遊びをする」である（135ページ）。

❶**時間配分**：日常の子どもたちの生活の時間の流れを把握し、余裕をもった時間配分をする。この場合、10：00～11：45で活動を考えている。

❷**環境構成**：準備する物は**数も記入**しておくとよい。しっぽの数や、救急セットの中身

の確認など。公園に出かける場合の例なので、公園の図を書いておくとよい。出入口やトイレの位置などが確認できる。園庭での保育や保育室でも図であらわすことで、自分の位置やまわりの環境を頭に入れることができる。

❸**予想される子どもの活動**：保育者の話を聞いて準備する ⇒ 公園に向かう ⇒ 公園で遊ぶ ⇒ 保育園に向う ⇒ 保育園に着く、という流れのなかで、子どもの動きを予測しながら記入する。日ごろの生活で、とくに声かけを多く必要とする子どもや、その日、体調が少し気になる子どもなどについては細かく配慮することも必要となる。

❹**実習生の活動と援助の留意点**：実習生はこの欄をていねいに書くことが要求される。それまでの実際の保育を観察し、保育者の配慮とその意味を理解することで、適切な記述ができるのである。

　まず「今日は何をするのか」を子どもに知らせ、期待をもってそのことに子どもが向かっていける援助が必要である。この場合は、「公園に行ってみんなで遊ぶ」である。また、園外での保育には安全管理が重要になる。公園では、安全管理と子どものなかに入って遊ぶなど、保育者同士の役割分担も必要である。

　子どもの活動について、公園で各自の好きな遊びを楽しんだあとに、遊びの様子を見ながら「しっぽ取り」や「からすかずのこ」「はないちもんめ」に誘っている。子どもがやりたいと思える環境をつくっているのである。3歳児の個々の気持ちを大事にしていることがわかる計画である。

3. 3歳未満児の指導案を作成するうえでの留意事項

　実際の保育所では、日々の生活のなかで子どもたちの姿を把握し、記録をもとに実態に即した計画を立てていくのだが、観察実習だけでは、実習生は一人一人の個人差、特徴などを理解したうえでの計画を立てることは難しい。子どもたちとの信頼関係もできていないため、3歳未満児の指導計画を立てることは容易ではない。

　指導計画や記録、観察実習などを参考に、現在の子どもの姿を捉える。食事はどの程度自分で食べているのか、排泄はおむつ・トイレットトレーニング中・自立している子は誰か。着脱は保育者の介助が必要な子、ほぼ自分でできる子は誰かなど、生活する様子を一人一人把握しておかなければならない。生活の自立は月齢だけでは測れないため、一人一人事前にメモなどに記録しておくとよいだろう。その他にも、個々の遊びの興

味・関心、友だちとのかかわりなどを把握しておかなければならない。

　また、３歳未満児クラスは発達や月齢などで、グループ保育をしていることも多いので、全体としての活動、グループとしての活動などを把握する。複数担任であることから、保育者の役割分担、とくに主になる保育者、補助の保育者の動きを観察する。責任実習では主になる保育者を担当する。低年齢の子どもの場合、材料など事前にだしておくと、活動が始まる前にさわったり、壊したりしてしまうこともあるため、教材は活動を始めるときに、保育者が配るほうがよいだろう。

（１）１歳児の指導計画の例

　続いて、作成時のポイントを参考に１歳児の指導計画を作成してみよう。指導計画はそれぞれの学校で形式があるが、通常は、「前日までの子どもの姿」「ねらい」「主な活動内容」「準備・材料」「予想される子どもの活動」「保育者の援助と留意点」「反省・評価」などが記載されている。

　180ページの図表３は部分実習指導案である。部分実習は「食事」「排泄」「食後」→「午睡前」「遊び」などを担当することが多い。活動によって個人、少人数、全員など計画の立て方も変わってくる。部分責任であっても保育の主導は実習生が担当するため、補助をしてもらう保育者の動きも計画し、詳しく伝えておかなければならない。

　182ページの図表４は１日実習指導案である。１日の指導案では養護の側面を適切に記すことが大切である。生活面での留意点は、子どもの意欲を尊重し、そのうえでどのような配慮が必要かを具体的に記載する。外遊びなどを計画している場合は、雨の場合の活動も用意しておく。また、部分責任実習と１日責任実習では、同じような遊びにならないよう気をつける（例：運動　→　造形、表現　→　自然など）。

図表1　3歳児の部分実習指導案の例

実習生氏名	田中 花子	月日	9月 ○○ 日
対象児	りす組 3歳児 男児 7名／女児 8名　計 15名		

子どもの姿	・運動会に向けて、体をたくさん動かして遊ぶことを楽しむ子どもが多い。 ・一人一人がそれぞれの遊びを楽しんでいるだけでなく、同じ場にいる2人から数人程度の友だちや保育者とかかわり合い、一緒にいる心地よさを感じながらみんなで遊びを楽しむ姿が見られる。
ねらい	・公園に向って、公園で、「しっぽ取り」「からすかずのこ」「はないちもんめ」などを一緒にして遊ぶ。
主な活動	・公園で、「しっぽ取り」「からすかずのこ」「はないちもんめ」などを一緒にして遊ぶ。
準備材料	・しっぽとりのしっぽ（20本）　・救急セット　・携帯電話　・お茶

時刻	環境構成	予想される子どもの活動	実習生の活動と援助の留意点
10:00	・朝、各々の遊んだおもちゃなどを片づけ、朝の会が始まったあとからの指導案を記述する ・これから公園に出かける旨を園長先生に伝え、散歩リュック（救急セット、携帯電話、麦茶などが入ったもの）を準備しておき、園外に出るときにスムーズにそれらを持参できるようにしておく。 ・公園にてで使用するおもちゃなどの小物も準備しておく。	○朝の会について ・「おはよう」を歌う ・朝のあいさつをする ・名前を呼ばれたら返事する ・保育者から、今日の活動について話を聞く。 ○園外で歩くときの手のつなぎペアを確認し、保育者の注意を聞く。 ・各自トイレに行き、帽子・腕バンド（園名記入）着用の上、靴を履いて庭に集まる。 ・ペアで手をつなぎ、安全に歩道を歩いて公園に向かう。 ○公園に到着。最初は砂場やシーソー、各々の好きな遊びを自由に楽しむ。 ○しっぽとり ・ひと遊びしたあと、興味のある子から保育者としっぽとりを楽しむ子が出てくる。 ・保育者のまねをして"しっぽ"をつけて逃げる子が出始める。	・子どもと一緒に「おはよう」を歌い、朝のあいさつをする。 ・子どもが出かける行き先（公園名）、これからの活動の見通しを話す。 ・昨日から続きを公園にみんなで一列に引率で遊びをすることなど、歌遊び・公園までみんなで並んで歩くなどのルールを伝える。 ・各自トイレに行き、帽子を着用できるよう、園外に出る最後尾、おる列びの真中付近の先頭の3者で公園まで安全にかかわり、列の3者で安全に気にかけつつ、人員確認と固定遊具の安全確認・砂場の衛生確認などは常に気にかけつつ、子どもとともに遊ぶ。 ・追いかけっこの遊びなどをするなかで、保育者に"しっぽ"をつけ、子どもがしっぽとりを楽しめるように走る。 ・雰囲気を楽しみ、だんだんとしっぽとりが楽しめる子が出るように、決し
10:15	・公園のなかの見渡せる位置に荷物などを置き、ベースとする。		
10:30	・しっぽを準備してポケットに入れておく。		
10:50			

（吹き出し注釈）
- 準備する物も確認します。園外での活動の手順も確認しましょう。
- しっぽとりのしっぽの数も確認します。予備も忘れずに。
- まず、これからの活動を伝えます。
- 準備に手間取っている子どもには、声をかけたり、手伝います。
- 安全に子どもたちを誘導して歩きます。
- 保育者自身が楽しく遊びます。

176

時間		活動内容	保育者の援助・留意点
11:10	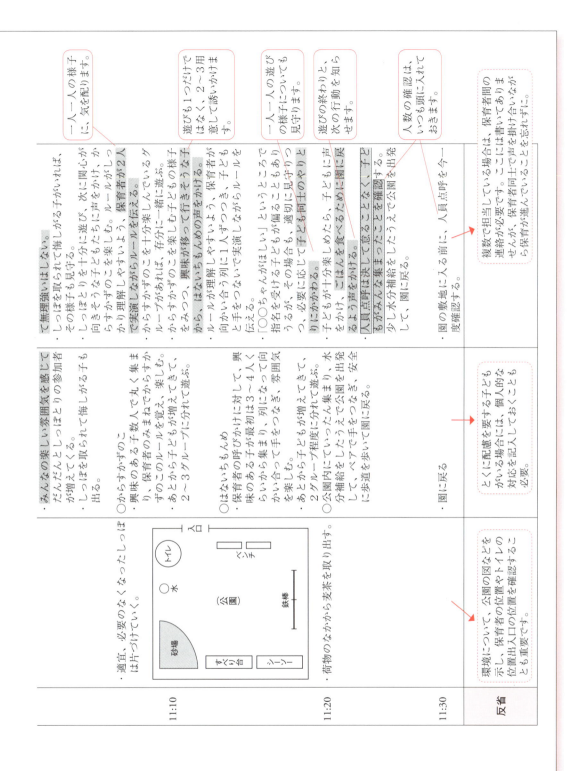・適宜、必要のなくなったしっぽは片づけていく。	・みんなの楽しい雰囲気を感じてだんだんとしっぽを取られて悔しがる子が増えてくる。・しっぽを取られて悔しがる子どもの様子も出る。○からすかずのこ・興味のある子数人で丸く集まり、保育者のみまねでからすかずのこのルールを覚え、楽しむ。・あとから子どもが増えてきて、2〜3グループに分かれて遊ぶ。	・て無理強いはしない。しっぽを取られて悔しがる子がいれば、その様子も見守る。・しっぽを十分に遊び、次に関心が向きそうな子どもたちに声をかけ、からすかずのこを楽しむよう、ルールがしっかり理解しやすいようルールを伝える。・からすかずのこを十分に楽しんでいるルーブがあれば、存分に一緒に遊ぶ。・からすかずのこを楽しむ子どもの様子から、興味が移ってきそうな子から、はないちもんめの声をかける。
11:20	・荷物のなかから麦茶を取り出す。	○はないちもんめ・保育者の呼びかけに対して、興味のある子が最初は3〜4人くらいから集まり、列にならって手をつないで向き合うことを楽しむ。・あとから子どもが増えてきて、2グループ程度に分かれて遊ぶ。○公園内にていったん集まり、水分補給をしたうえで公園を出発して、ペアで手をつなぎ、歩道を歩いて園に戻る。	・ルールが理解しやすいよう、保育者が向かい合う列に1人ずつつき、子どもと手をつないで実演しながらルールを伝える。・「○○ちゃんがほしい」というところの指名を受ける子どもが偏ることがあるうるが、その場合も、適切に見守りつつ、必要に応じて子ども同士のやりとりにかかわる。・子どもが十分楽しめたら、子どもに声をかけ、ごはんを食べるために園に戻るよう声をかける。・人員点呼は決して怠ることなく、子どもがみんな集まったことを確認する。少し水分補給をしたうえで公園を出発して、園に戻る。
11:30		・園に戻る	・園の敷地に入る前に、人員点呼を今一度確認する。
反省		とくに配慮を要する子どもがいる場合は、個人的な対応を記入しておくことも必要。	複数で担当している場合は、保育者間の連絡が必要です。ここには書いてありませんが、保育者同士で声を掛け合いながら保育が進んでいることを忘れずに。

注記：
- 一人一人の様子に、気を配ります。
- 遊びが1つだけではなく、2〜3用意して誘いかけます。
- 一人一人の遊びの様子についても見守ります。
- 遊びの終わりと、次の行動を知らせます。
- 人数の確認は、いつも頭に入れておきます。
- 環境について、公園の図などを示し、保育者の位置やトイレの位置出入口の位置を確認することも重要です。

図表2　3歳児の1日実習指導案の例

		実習生氏名	田中　花子		
		月　日	9月　〇〇　日		
		対象児	りす　組　3　歳児 男児　7　名　女児　8　名 計　15　名		
こどもの姿	・体をいっぱい動かして遊ぶことを楽しむ子どもが多い。 ・一人ひとりがそれぞれの遊びを楽しんでいるだけではなく、同じ場にいる2人～数人程度の友だちや保育者とかかわり合い、一緒にいる心地よさを感じながら、みんなで遊びを楽しむ姿が見られる。				
	ねらい		主な活動		
	・10月の運動会に向かって、公園に行ってかんたんなルール遊びをする。		・公園で、「しっぽとり」「からすかずのこ」「はないちもんめ」などをして遊ぶ。		
準備 材料	・しっぽ取りのしっぽ　・散歩に持参する物（救急セット・お茶・携帯電話など）				
時刻	環境の構成	予想される子どもの活動		実習生の活動と援助の留意点	
8：00	・室内の換気をする。	・順次登園 ・持ち物の整理をする。		・子どもと保護者にあいさつをし、子どもの健康状態を把握する。保護者からの連絡事項を確認する。	
8：45	・保育室に好きな遊びのコーナーをつくっておく（ブロック・絵本・粘土お絵描きなど）。	・好きな遊びをする。		・子どもたちと遊びながら、全体の安全に気を配る。 ・朝の集まりを知らせ、一緒におもちゃなどを片づける。	
9：50		・保育者に促されて片づけをする。			
10：00		部分実習指導案（176ページ図表1参照）			
11：45	・給食の準備・配膳	・排泄、手洗い、うがいをして給食の準備をする。		・給食の準備をするように声をかける。 ・配膳をする。	
12：10	・給食	・「いただきます」のあいさつをして給食を食べる。		・子どもたちの様子を見ながら、楽しく食べられるように声をかけ見守る。	

時刻	環境構成	子どもの活動	保育者の援助と配慮
12:40	配膳台／（着替え）／絵本／テラス／ロッカー／水道 ・給食の片づけ・清掃 ・午睡の準備・布団を敷く ・絵本の準備	・「ごちそうさま」をして食器を片づける。 ・歯磨き、着替え、排せつをする。 ・絵本を読んだり静かに過ごす。 ・みんなで絵本を見る ・静かに布団に横になる	・ごちそうさまのあいさつをし、午睡へ誘う。 ・歯磨き、着替え、排せつなどの様子を見ながら一人一人にほめたり、励ましたりしながら見守る。 ・絵本を読んだ、落ち着く雰囲気をつくるようにする。 ・添い寝をしたり、背中を軽くたたいたりして安心して眠れるようにする。
13:00	・午睡		
14:45	・目覚め	・目覚めて排泄、手洗い着替えをする。	・子どもに声をかけて目覚めを促す。 ・寝起きの悪い子どもには、声をかけながら、その子のペースで着替えなどができるように見守る。
15:15	・おやつの準備 ・おやつ	・手洗い、おやつの準備をする。 ・挨拶をして、おやつを食べる。	・おやつのメニューなどを知らせ、楽しみにするように声をかける。 ・保育者も一緒に食べながら、楽しく会話をする。
	・おやつの片づけ　清掃	・食器を片づけ、うがいをする。 ・降園準備をする。	・片づけや、うがいの様子を見守る。 ・連絡帳の入れ忘れや、持ち物の整理を見守る。
16:45		・園庭で遊ぶ ・順次降園	・園庭に出て、一緒に遊びながら、安全に気を配る。 ・お迎えの保護者に一日の様子を伝え、笑顔であいさつをし、見送る。
17:30		・延長保育	
反省	（省略）		

第8章　実習につなげるために

図表3　1歳児の部分実習指導案の例

子どもの姿	・物をめくったり、つまんだりする姿がみられる。 ・指先で、いろいろな物を触って確かめている。			
	実習生氏名	田中　花子		
	月　日	9　月　○○　日		
	対象児	ひよこ　組　1　歳児 男児　6　名／女児　6　名 計　12　名		
ねらい	・小麦粉粘土の感触を味わう。 ・ちぎったり、まるめたり、延ばしたりしながら、いろいろな形になることを楽しむ。			
	主な活動	・小麦粉粘土で遊ぶ。指先や手のひらで粘土をまるめたり、延ばしたりして遊ぶ。		
準備材料	・小麦粉、水、塩（1：1：1/3） 作り方……小麦粉に塩を入れ、水を少しずつ入れてこねる ・お皿、コップなどの容器、大きな容器、おしぼり			
時刻	環境構成	予想される子どもの活動	実習生の活動と援助の留意点
10:00		・保育者に促され、いすに座る。 ・保育者が小麦粉粘土をこねる様子を見る。	※小麦粉アレルギーの子どもがいないか事前に確認しておく。 ・子どもたちが集まるまで「おだんごぱん」の歌を手を叩きながら歌う。 ・子どもたちの前で小麦粉粘土をまるめたり、ちぎったりして興味をもつようにする。
10:10		・大きなかたまりの小麦粉粘土を思いっきり押したり、指で穴をあけて楽しむ。 ・ちぎる、丸める、つまむ、転がすなど、自	・一人ずつあらかじめ分けておいた小麦粉粘土を名前を呼びながら配る。 ・誤飲がないよう、安全面に配慮する。 ・粘土に手がつくことを嫌がる子には、無理強いをせず、隣

180

		・器のなかに小麦粉粘土を入れたり、出したりする。 ・小麦粉粘土でつくった形を保育者に見せてよろこぶ。 ・保育者に促されて片づけをする(大きな容器に粘土を入れる)。	・子どもたちと一緒に遊びながら「何ができたかな?」「やわらかいね」「冷たい」など、言葉をかけ、言葉への興味を促していく。 ・子どもたちがつくった物に共感しながら、保育者も容器に入れたり出したり、大きな固まりをつくるなど、粘土で繰り返し遊びを楽しめるようにする。 ・「たくさん遊んで楽しかったね」「みんなで集めて大きなおだんごをつくろう」と声をかけ、「おだんごぱん」の歌を歌い、大きな容器に集める。 ・床や机についた粘土をきれいにする。
10:25	予備の机 お皿、コップ おしぼり 大きな容器		
反省	(省略)		

図表4　1歳児の1日実習指導案の例

		実習生氏名	田中　花子		
		月　日	9 月 ○○ 日		
		対象児	ひよこ 組　1 歳児 男児 6 名／女児 6 名 計 12 名		
子どもの姿	・高月齢児は日中パンツで過ごしている。 ・スプーンやフォークを使い、自分で食べようとする姿が見られる。 ・保育者と一緒に絵本や紙芝居を楽しんでいる。 ・玩具などの取り合いからケンカやかみつきが見られる。			主な活動	・園庭で好きな遊びを見つけて遊ぶ。 ・食事、排せつ、衣類の着脱など、できることは自分でやってみようとする。できないところは保育者や実習生に手伝ってもらい、自分でできたことをよろこぶ。
ねらい	・実習生や友だちと一緒に好きな遊びを楽しむ。 ・身のまわりのさまざまなことを自分でしようとする。				
準備材料	・絵本「ひとりでできるかな」 ・砂場用、カップ、スプーン、車、ボール 楽器の場合、ブロック、絵本				
時刻	予想される子どもの活動			実習生の活動と援助の留意点	
8:30	◎順次登園 ・保育室で遊ぶ（「ままごと」「絵本」など）。 ◎おやつ			・朝のあいさつをして、子どもたちが好きな遊びを見つけられるよう声をかけたり、実習生も一緒に遊ぶ。 ・一人一人の名前を呼んでエプロンを配る。楽しくおやつを食べられるようにする。	
9:20	◎排せつ ・オムツ交換、トイレに行く。 ◎園庭で遊ぶ ・自分の好きな場所で遊ぶ（「ブランコ」「滑り台」「砂場」「ボール」など）。			・園庭で遊ぶことを知らせ、全員が排せつを済ませたか確認をする。 ・ブランコ……一緒に座ったり、一人で座れる子には、やさしく揺らす。 ・滑り台……階段などの側で怪我がないよう見守る。 ・砂場……子どもの様子を見ながら声をかけたり、一緒に砂の山やトンネルをつくって砂の感触を楽しめるようにする（口などに砂を入れないよう配慮する）。	
10:00	◎片づけ、手洗いをする			・見守ったり、手伝ったりしながら、きれいに手を洗えているか確認をする。	

環境構成：

（保育室）ままごと／ブロック／絵本棚／ロッカー／押し入れ／トイレ／食事室

保育者・実習生の配置図

時刻		活動内容	保育者の援助・留意点
11:00		◎食事 ・手をふき、あいさつをする。 ・スプーンやフォークを使って食べる。 ・食べ終わったら、手、顔をふく。	・手遊びや歌を歌いながら、子どもたちが集まるのを待つ。 ・楽しい雰囲気を大切にする。偏った食べ方にならないよう言葉をかける。 ・一人ひとりの食べている様子を見守ったり個に応じてじっくりと、フォークにさして食べやすくきれいにふけているか確認をする。
11:15			
11:50		◎午睡準備 ・パジャマに着替える。オムツ交換、トイレに行く。 ◎午睡 ・絵本を見た後、自分の布団に入る。	・シャツやズボンの前後を確認して、着やすいように自分でやろうとしているときは見守る。 ・静かな雰囲気で絵本を読む。 ・背中やお腹をやさしくさすり、気持ちよく入眠できるよう促す。眠っている様子を確認する。
12:00			
15:00		◎目覚めた子からオムツ交換、トイレ、着替えをする。 ◎おやつ ・手をふき、あいさつをする。おやつを食べる。	・起きた子から排せつに行くよう促す。気持ちよく目覚められるよう声をかける。 ・子どもたちと話をしながら、楽しい雰囲気で食べられるようにする。
16:00		◎順次降園 ・保育室で自分の好きな玩具で遊ぶ。	・迎えの遅い子が不安にならないよう一人ひとりの様子を気にかける。
反省	(省略)		

```
        園舎
  ┌──────────────┐
  │うさぎ  物置   │
  │小屋           │
  │     (園庭)    │水
  │      ○       │道
  │砂   すべり    │
  │場   り台      │園
  │ブ 花          │舎
  │ラ だ          │
  │ン ん 門       │
  └──────────────┘
```

資料　低年齢児に適した遊びの例

　ここでは、低年齢児に適した遊びの例をあげていく。子どもの年齢に即した計画を立てる際の参考としてほしい（対象年齢はあくまで目安で、計画を立てる際は対象となる子どもの観察は欠かせないものである）。

＊坂道のぼり（巧技台を使って）　対象年齢：１・２歳
　準　備：跳び箱、板（すのこ）、マット。
　遊び方：裸足になり跳び箱まで下から登る。２歳児は跳び箱まで登ったら、反対側のマットに向かってジャンプする（保育者が手を添える）。
　援助のポイント：子ども同士がぶつからないよう、一方向から遊ぶように保育者が声をかける。転落などの危険がないよう、いつでも手がだせるような位置につく。

＊野菜スタンプ　対象年齢：１・２歳
　準　備：人参、サツマイモ、レンコン、ピーマン、おくらなど小さめでもちやすいサイズの野菜。インク（絵具を水で溶いたもの）を２～３色、インクを入れるトレー、画用紙、新聞紙・シートなどの敷物、手ふきタオル。
　遊び方：最初に保育者が子どもの前でやって見せる。子どもに好きな野菜を選ばせ、保育者が子どもに手を添え、慣れてきたら子ども自身にやらせる。
　援助のポイント：保育者の目が行き届くよう、少人数で行う。１歳児は口に入れることも予想されるため、目を離さない。インクが混ざってしまうこともあるた

め、予備の絵具・トレー・野菜を用意する。汚れてもよい服装に着替える。

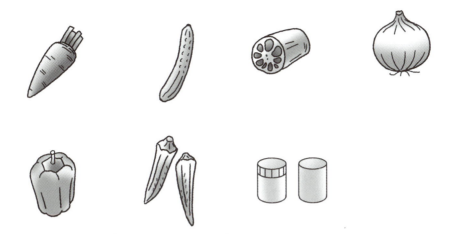

＊ペープサート「こぶたぬきつねこ」　対象児：１・２歳

準　備：画用紙にぶた・たぬき・きつね・ねこの顔を２枚ずつ描き、２枚の絵の間に割りばしをテープなどで止めてはさむ。テーブルに暗幕などをかけて、簡易舞台をつくる。

遊び方："こぶたぬきつねこ"の遊び歌に合わせて演じていく。２度ほど演じたら、次は子どもたちと一緒に手遊び歌をしたり、動物のまねをしながら保育室を動き回って遊ぶ。

資料　0〜6歳の遊びの一例

● **絵　本**：最初は心地よい言葉のリズムや色のきれいな絵本を選ぶようにする。徐々に想像力を養えるようなもの、ユーモアのあるものなど、年齢・発達に即した絵本を選ぶ。

年　齢	絵　本
0歳〜	『いないいないばあ』（松谷みよ子文）、『がたんごとんがたんごとん』（安西水丸）、『ブルーナの0歳からの絵本』（ディック・ブルーナ）
1・2歳〜	『はらぺこあおむし』（エリック・カール）『きんぎょがにげた』（五味太郎）『もこもこもこ』（たにかわしゅんたろう作）
3・4歳〜	『ぐりとぐら』（なかがわりえこ）『そらまめくんのベッド』（なかやみわ）『3びきのやぎのがらがらどん』（マーシャ・ブラウン）
5・6歳〜	『スーホーの白い馬』（大塚勇三作）、『カラスのパンやさん』（かこさとし）、『おしいれのぼうけん』（ふるたたるひ）

● **素　話**：素話は2歳後半ころから楽しめる。『おむすびころりん』『おおきなかぶ』『てぶくろ』『ももたろう』など、子どもが何度も聞きなれた昔話を選ぶことが多い。2〜3歳児は『どんぶらこっこどんぶらこ』『ころころころころ』など、言葉の繰り返しを多く入れ、内容はわかりやすく短めにする。5・6歳児には長い素話を数日にわたって話すのもよい。

● **わらべ歌・遊び歌・伝承遊び**：人から人へと、伝わってきた歌であり、遊びである。音程が単調でリズミカルであるため、子どもにも歌いやすいものである。大人や子ども同士ふれ合いながら一緒に遊べるものが多い。

年　齢	歌や遊び
0歳〜	『いないいないばあ』『一本橋こちょこちょ』『くまさんくまさん』⇒＊1
1・2歳〜	『だるまさん』『げんこつ山のたぬきさん』『ひげじいさん』『むすんでひらいて』『おせんべ焼けたかな』『いとまきのうた』
3・4歳〜	『グーチョキパーでなにつくろう』⇒＊2『あっちむいてほい』『にらめっこ』『おべんとうばこ』『花いちもんめ』『だるまさんがころんだ』『ロンドン橋おちた』
5・6歳〜	『ちゃつぼ』『あぶくたった』『かごめかごめ』『なべなべそこぬけ』『ハンカチ落とし』『やきいもじゃんけん』『あやとり』

●その他：造形・表現（ごっこ遊びなど）などの遊びの例

年　齢	造形・表現（ごっこ遊びなど）など
1・2歳〜	・小麦粉粘土・野菜スタンプ・シール遊び・電車ごっこ・動物ごっこ・ままごと（1歳は保育者参加）
3・4歳〜	・油粘土・泥粘土・フィンガーペインティング・ボディペインティング・お店屋さんごっこ・折り紙・ままごと・劇あそび・楽器遊び
5・6歳〜	・紙粘土・デカルコマニー（合わせ絵）・切り絵・紙版画・絵本づくり・かるたづくり・かなづち・合奏

●ゲーム・鬼ごっこなど

年　齢	ゲーム・鬼ごっこなど
2歳〜	・かけっこ・追いかけっこ・かくれんぼ（保育者対子ども）
3・4歳〜	・しっぽとり・フルーツバスケット・色鬼・椅子とりゲーム（4歳〜）
5・6歳〜	・手つなぎ鬼・どろけい・缶けり・高鬼・ドッジボール・リレー

*1　くまさんくまさん　（子どもを仰向けに寝かせた状態で遊ぶ）
　　①くまさんくまさん　（子どもの両手を握ってやさしく揺らす）
　　②両手をあげて　　　（子どもの両手をやさしく上にあげる）
　　③くまさんくまさん　（①と同じ）
　　④こんにちは　　　　（保育者が顔を近づけて頭を下げる）
　　⑤くまさんくまさん　（①と同じ）
　　⑥かた足あげて　　　（子どもの足をやさしくもちあげる）
　　⑦くまさんくまさん　（①と同じ）
　　⑧さようなら　　　　（保育者が手を振る）

*2　グーチョキパーでなにつくろう
　　①グーチョキパーでグーチョキパーで（グーチョキパーをする）
　　②なにつくろう　なにつくろう　　　（両手を左右に振る）
　　③右手がパーで
　　④左手がパーで　　　　　　　　　　（右左順番に）
　　⑤ちょうちょ　ちょうちょ　　　　　（両手をパーに親指を重ねてひらひらとする）

※③〜⑤をいろいろ変えて遊ぶ（例　チョキとチョキでカニさん、チョキとグーでかたつむり、グーとぐーでくまさん　など）

4. 異年齢児混合保育の指導案について

　３・４・５歳児の異年齢児混合保育の指導案では、基本的な留意事項として、前述の「（1）子どもの実態を理解する」から「（6）援助や留意点を考える」は同じである。活動のなかや生活習慣について、各年齢への配慮点が加えられるとよい。

　とくに３歳児については、一人一人に気を配ることや、生活習慣については一人一人の状態によって手をかけることも必要になる。４、５歳児が一人でやっている姿をほめ、自信をもたせていくことが、３歳児が「自分もやってみよう」という気持ちを引きだすことにもつながるのである。３、４、５歳児の各年齢への配慮事項のほかには、その各年齢をつなぐ役割も保育者には必要となる。

　年下の子どもへ手を貸してあげようとする姿や、年上の子どもをまねてみたいという姿など、保育者が仲立ちになり、子ども同士のかかわりが豊かになる声かけや、見守りが必要なのである。

　190ページの図表5は、異年齢児混合保育の指導計画の例である。運動会を控えての９月のある日の午前中ものである。この園は比較的自由な保育形態で、子どもたちが自分の好きな遊びを選んで行えるようになっている。

　「ねらい」が「体を動かして遊ぶ楽しさを味わう」である。異年齢が混ざった集団でも楽しいと感じられる遊びを実習生は考え、「ドンじゃんけん」「色鬼（いろおに）」を設定した。

　また、年長児が取り組んでいる跳び箱も、３歳児も４歳児も好きな跳び方で参加して楽しめるようにした。そして、みんなで体操をする。年長児が先生となって見本をやってくれる。

　最後には、いつもは年長児だけが行っているリレーをやりたい子どもたちで、やってみようという案である。少し内容が盛りだくさんではあるが、子どもの様子と時間を見ながら保育者がお互いに連携をしながら行えれば、楽しい運動遊びになると思われる。

資料　デイリープログラム

　登園から降園までの生活の流れがデイリープログラム（日課）である。遊びと休息、睡眠、食事、排せつなど生活リズムを整えることが、子どもの健康維持、遊びの充実、情緒の安定、円満な人間関係の形成にとって重要であるといえよう。低年齢児は保育者の役割分担なども細かく記載する場合がある。

　192ページの図表6はある保育所のデイリープログラムである。

 **練習問題**

1. 巻末ワークシートを使用して実際に９月のある日の３歳児の部分実習指導案と１日実習指導案を作成してみよう。

   (ヒント) 本章176〜179ページに示した図表１と２が参考となる。また、第６章で示した年間指導計画・月間指導計画なども参考にしよう。

2. 巻末ワークシートを使用して実際に９月のある日の１歳児の部分実習指導案と１日実習指導案を作成してみよう。

   (ヒント) 本章180〜183ページに示した図表３と４が参考となる。また、第６章で示した年間指導計画・月間指導計画なども参考にしよう。

3. 上記①、②で作成した計画を任意の季節に変更して作成してみよう（たとえば２月や６月など、あなたが実際に実習を行う月に変える）。

❋ 参考文献

- 厚生労働省『保育所保育指針─平成29年告示』フレーベル館，2017
- 久富陽子編『幼稚園・保育所実習の指導計画の考え方・立て方』萌文書林，2012
- 山本淳子編著『実習の記録と指導案』ひかりのくに，2012
- 『幼児と保育』小学館，2003
- 財団法人幼少年教育研究所編著『遊びの指導』同文書院，2011

図表5　異年齢児混合保育の指導計画の例

実習生氏名	田中　花子		
月　日	9月　○○日		
対　象　児	3歳児　5名 4歳児　7名 5歳児　7名 計　19　名		

主な活動

○園庭……簡単な集団遊びや運動遊び（ドンじゃんけん・色鬼・跳び箱・リレー・体操）
○保育室……絵本コーナー　粘土コーナー
　　　　　　積み木コーナー

子どもの姿	・3歳児……気の合う友だちと一緒に遊ぶ楽しさを感じている。 ・4歳児……生活や遊びのなかで、年長児をまねしようとする姿や、3歳児のことを気にかける様子が見られる。 ・5歳児……友だちと一緒に意見をいい合いながら、遊びを楽しんでいる様子が見られる。
ねらい	・同年齢や異年齢の友だちと遊ぶ楽しさを味わう。 ・3・4歳児……体を動かして遊び、年上の子どものまねをしたり助けられたりしながら意欲的に体を動かそうとする。 ・5歳児……生活や異年齢の遊びのなかでリーダー的な存在として自覚をもつ。
準備 材料	・ライン引き（園庭）　・粘土コーナー（粘土・型ぬき・へらなど）　・積み木 ・リレーに使うバトンやリング　CD（体操）

時刻	環境構成	予想される子どもの活動	実習生の活動と援助の留意点
8:00	・室内の換気をする。 ・子どもの好きなあそびができるようにコーナーをつくっておく。（絵本・お絵描き・ブロック・パズル）	・順次登園 ・持ち物の整理をする。 ・好きな遊びをする。 ・保育者に促されて片づけをする。 ・保育室に集まり保育者の話を聞く。 ・「やってみたい」と思う遊びを自分で考える。 ・気の合う友だちと声をかけ一緒にやろうと誘う。 ・排泄を済ませ順次園庭に出る。 ・保育室で遊びたい子どもたちは保育者ともに好きなコーナーへ行く。 ・ドンじゃんけんをする。 ・園庭の遊びを見て室内から出てくる子どもや、朝からずっと保育室に入る子どももいる。	・子どもと保護者に挨拶をし、子どもの健康状態を把握する。 ・保護者からの連絡事項を確認する。 ・子どもたちと遊びながら、全体の安全に気を配る。 ・朝の集まりを知らせ、一緒におもちゃなどを片づける。 ・クラスの子どもたちが集まったところで、今日の活動の説明をする。（園庭での集団遊びについて）また、子どもたちの意見も聞きながら園庭での活動内容を決める。 ・園庭に出るよう準備をするように促す。
9:30	・園庭 ラインを引く。 （図：園舎、うさぎ小屋、物置、砂場、ブランコ、花だん、すべり台、門、水道、園舎）	・朝から園庭から出てくる子どもには園庭の様子を知らせながら、外遊びに誘っていく。	・保育室で遊びたい子どもには保育者とともに好きなコーナーに行くように声をかけん。 ・ドンじゃんけん ・ルールを説明し2組に分かれる。 ・3歳児が多い方に保育者が入り、じゃんけんを一緒にやっていく。 ・色鬼 始めは保育者が鬼になり、3歳児にもわかる色をいっていく。 鬼ばかりになる場合には一緒に様子を見て対応する。

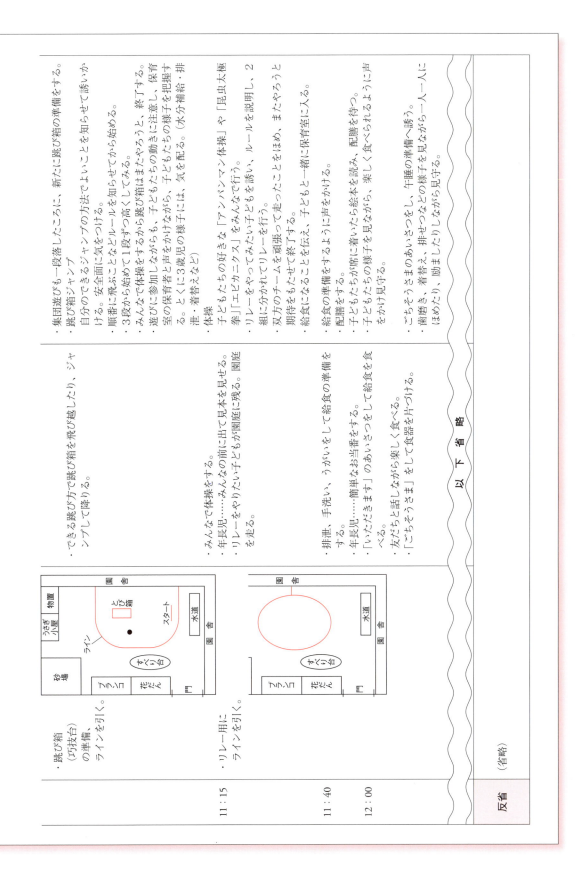

時刻	環境構成	子どもの活動	保育者の援助と配慮
11:15	・跳び箱（巧技台）の準備、ラインを引く。	・集団遊びも一段落したころに、新たに跳び箱の準備をする。 ・跳び箱ジャンプ 　自分のできるジャンプの方法でよいことを知らせて誘いかける。安全面に気をつける。 　順番に飛ぶことなどのルールを知らせてから始める。 　3段から始めて1段ずつ高くしてみる。 　みんなで体操をするから跳び箱はまたやろうと、終了する。 　遊びに参加しながらも、子どもたちの動きに注意し、保育室の保育者と声をかけながら、子どもたちの様子を把握する。とくに（3歳児の様子には、気を配る。（水分補給・排泄・着替えなど） ・体操 　子どもたちの好きな「アンパンマン体操」や「昆虫太極拳」「エビカニクス」をみんなで行う。 ・リレーをやってみたい子どもを誘い、ルールを説明し、2組に分かれてリレーを行う。 　双方のチームを頑張って走ったことをほめ、またやろうと期待をもたせて終了する。 ・給食になることを伝え、子どもと一緒に保育室に入る。
	・できる跳び方で跳び箱を飛び越したり、ジャンプして降りる。 ・みんなで体操をする。 ・年長児……みんなの前に出て見本を見せる。 ・リレーをやりたい子どもが園庭に残る。園庭を走る。		
11:40	・リレー用にラインを引く。	・排泄、手洗い、うがいをお当番をする。 ・年長児……簡単なお当番をする。 ・「いただきます」のあいさつをして給食を食べる。 ・友だちと話しながら楽しく食べる。 ・ごちそうさまをして食器を片づける。	・給食の準備をするように声をかける。 ・配膳をする。 ・子どもたちが席に着いたら絵本を読み、配膳を待つ。 ・子どもたちの様子を見ながら、楽しく食べられるように一人ひとりに声をかけ見守る。
12:00			・ごちそうさまのあいさつをし、午睡の準備へ誘う。 ・歯磨き、着替え、排せつなどの様子を見ながら一人ひとりにほめたり、励ましたりしながら見守る。

以　下　省　略

反省	（省略）

図表6 デイリープログラムの例

時間	0歳児	1・2歳児	3歳児以上
7:15	・順次登園（健康観察・連絡） 　検温（保護者）・おむつ交換	・順次登園（健康観察・連絡） 　あいさつ・持ち物整理・排泄・自由遊び	
9:30	・保育者と遊ぶ 　おむつ交換	・おむつ交換・排泄 ・おやつ	・片づけ・手洗い・排泄 ・朝の集い
10:00	・睡眠 　↓ ・ミルク ・離乳食 　おむつ交換	・戸外（室内）遊び 　片づけ 　排泄・手洗い・着替え 　水分補給	・クラス保育 　年齢に即した保育内容 　（室内・戸外）
11:15	・外気欲・自由遊び（室内・戸外）		・排泄・手洗い・昼食準備
11:30	沐浴 水分補給・おむつ交換	・昼食	・昼食 　片づけ・歯磨き
12:00	・睡眠 　↓	午睡準備 （着替え・排泄・自由遊び）	午睡準備 （排泄・着替え・自由遊び）
13:20	↓ 検温	・順次午睡 ↓	・午睡 ↓
14:00	・順次起床・おむつ交換 ・ミルク ・離乳食 　おむつ交換	↓ 目覚め	目覚め 排泄・着替え
15:00	・保育者と遊ぶ 　おむつ交換	排泄・着替え ・おやつ ・自由遊び 　おむつ交換・排泄	・おやつ 　片づけ 　降園準備 ・帰りの集い
16:00	・順次降園	・順次降園 ・自由遊び	・順次降園 ・自由遊び
18:00		・延長保育（異年齢保育） 　当番保育者と遊ぶ 　水分補給 　保育時間によっては軽食 ・最終児降園	

索引

数字・欧文

0歳児保育　40
1.57ショック　41
1歳児の指導計画　138, 175
3歳児の指導計画　126, 173
3歳未満児の指導計画　127
PDCA　68

あ

愛染橋保育所　37
赤沢鍾美　36
遊び歌　186
歩き始め　77
安全対策・事故防止　61, 95
育児休業　40
石井十次　37
一斉保育　29
異年齢児混合保育　28, 101, 188
運動遊び　79
駅型保育施設　25
エピソード　153
応答的なかかわり　77

か

核家族化　12
学校教育法　21, 36
葛藤　79
活動の内容　171

家庭　30
家庭的保育事業　23
家庭的保育者（保育ママ）　23
家庭的保育補助者　23
カリキュラム・マネジメント　68
簡易託児所　38
環境・衛生管理　61, 95
環境構成　171
基本的事項（発達）　74
教育　85
教育課程　54
教育基本法　36
教育目標　55
協同遊び　80
記録　149
グループ保育　28
月間指導計画　100, 125
けんか　79
健康支援　61, 94
研修計画　61, 95
合計特殊出生率　12
高月齢児　147
公立託児所　37
コーナー保育　28
子育て支援　29
ごっこ遊び　78
子ども・子育て支援新制度　23
子ども・子育て支援法施行規則　17
子どもの姿　171
子どもの保育目標　60, 91
子ども理解　150

索引　193

個別の指導計画　106

■ さ ■

坂道のぼり　184
自我　78
時間配分　171
事業所内託児所　37
自己主張　78
自己評価　70, 166
地域型保育給付　24
実習　170
質問　78
指導案（実習）　170
指導計画　54, 96
児童福祉施設　39
児童福祉法　17, 32, 39
社会的責任　59, 89
就学前の子どもに関する教育、保育等の総合的な提供の推進に関する法律　23
週間指導計画　126
週日案　115, 126
自由保育　29
守孤扶独幼稚児保護会　36
小学校　31
小学校学習指導要領　160
小学校との連携　61, 96
小規模保育事業　24
小規模保育所　24
省察　149
象徴機能　77
情緒的な絆　76, 77
情報保護　59
食育　60, 94
食育計画　106
職員配置基準の改善　40
人権尊重　59
素話　186
世帯数　13

設定保育　28
説明責任　59
戦時託児所使用条例　38
戦時託児所設置基準　38
全体的な計画　54, 57, 63, 88, 119
想像力　79
疎開保育所　38

■ た ■

待機児童　12
第三者評価　41, 168
短期的（な）指導計画　54, 126
探索活動　77
男性保育者　41
地域　31
地域の行事への参加　62, 96
地域の実態　59, 90
知性によって導かれる愛　73
地方裁量型（認定こども園）　22
長期的（な）指導計画　54, 123
長時間の保育の指導計画　114
低月齢児　146
デイリープログラム　188
伝承遊び　186
東京市託児保育規定　38
東京女子師範学校附属幼稚園　34
特色ある保育　61, 96
特例保育　40

■ な ■

なん語　76
新潟静修学校　36
二語文　77
日案　126
認証保育所　25
認定こども園　14, 22
寝返り　76
年間指導計画　97, 123

年齢別保育　28
野口幽香　37

は

発達　72
発達過程　59, 74, 90
発達過程表　76
腹ばい　76
人見知り　77
評価　149
病後児保育　25
ファミリーサポートセンター　26
二葉幼稚園（二葉保育園）　37
フレーベル　21
平均世帯人員　13
並行遊び　78
ペープサート　185
ベビーホテル　26
保育記録　153
保育士　41
保育士の業務　32
保育者の願い　171
保育所　14, 17, 39
保育所運営要領　39
保育所型（認定こども園）　22
保育所児童保育要録　31, 159
保育所の1日　18
保育所の行事　26
保育所の自己評価　70, 167
保育所保育指針　18, 46, 54, 57, 73, 119, 152, 160
保育所保育の目的・目標・内容　50
保育日誌　153
保育の過程　69
保育の計画　64
保育の質　68
保育の内容　60, 91
保育の評価　64
保育方針　59, 89

保育目標　55, 59, 89
保育要領　39
保育理念　59, 89
保護者、地域への支援　61, 95
保母　41

ま

盲目の愛　73
文字などへの興味や関心　80
模倣　78
森島峰　37

や・ら・わ

野菜スタンプ　184
指差し　77
養護　85
幼児期の終わりまでに育ってほしい姿　164
幼児食　77
幼稚園　14, 21
幼稚園型（認定こども園）　22
幼稚園教育の目的・目標・内容　49
幼稚園教育要領　22, 44, 54
幼稚園保育及設備規定　35
幼稚園令　35
幼保連携型認定こども園　22
幼保連携型認定こども園教育・保育要領　23
予想　78
離乳食　77
わらべ歌　186

◎編著者紹介◎

加藤 敏子（かとう・としこ）────●第1章・2章
［現　職］ 学研アカデミー保育士養成コース所長・聖徳大学名誉教授
［経　歴］ 聖徳大学大学院児童学研究科博士前期課程修了、児童学修士。東京都公立保育園園長、東京都立大田高等保育学院専任講師、聖徳大学児童学部教授などを務め、現職。また、聖徳大学内おやこDE広場「にこにこキッズ」責任者などを務める。
［著　書］ 『保育課程論─保育の基盤の理解と実習への活用』『乳児保育──人一人を大切に』（萌文書林、編著）、『保育学概論』『保育ミニ辞典』（一藝社、共著）、『6歳までのしつけと子どもの自立』（合同出版、共著）などがある。

岡田 耕一（おかだ・こういち）────●第3章・4章
［現　職］ 聖徳大学短期大学部教授
［経　歴］ 上智大学大学院文学研究科博士後期課程単位取得満期退学、文学修士。東京都日野市幼児教育センター研究員、武蔵野短期大学助教授を務め、現職。
［著　書］ 『保育課程論─保育の基盤の理解と実習への活用』（萌文書林、編著）、『改訂　子どもの教育の原理─保育の明日をひらくために』『子どもの教育の原理─保育の明日をひらくために』（萌文書林、共著）、『保育者論』『保育原理』（一藝社、共著）、『おもしろく簡潔に学ぶ保育原理』（保育出版社、共著）、『幼保一元化と保育者養成』（全国保育士養成協議会、単著）、『幼稚園・保育所実習』（光生館、共著）などほか著書多数。

◎著者紹介◎

菊地 一晴（きくち・かつはる）────●第5章（6）pp.106-113
［現　職］ 学研アカデミー保育士養成コース専任教員・聖徳大学児童学部兼任講師
［経　歴］ 聖徳大学大学院児童学研究科博士前期課程修了、児童学修士。保育教諭として私立保育園、認定こども園に勤務。その後、群馬社会福祉専門学校福祉保育学科専任講師を経て、現職。

津留 明子（つる・あきこ）────●第5章（6）以外すべて・8章（幼児）
［現　職］ 学研アカデミー保育士養成コース専任教員・東京都福祉サービス第三者評価者
［経　歴］ 日本社会事業大学大学院福祉マネジメント研究科修了、福祉マネジメント修士（専門職）。保育士、社会福祉士。公立保育園保育士、私立保育園園長、障害児・者施設支援員、聖徳大学児童学部准教授などを務め、現職。また、聖徳大学内おやこDE広場「にこにこキッズ」担当者などを務める。
［著　書］ 『保育課程論─保育の基盤の理解と実習への活用』（萌文書林、共著）

冨永由佳（とみなが・ゆか）──────●第6章（3歳未満児）・8章（3歳未満児）

［現　職］　聖セシリア女子短期大学准教授
［経　歴］　聖徳大学大学院児童学研究科博士前期課程修了、児童学修士。東京都公立保育園保育士、聖徳大学、帝京科学大学、目白大学などで非常勤講師を務め、現職。
［著　書］　『保育課程論─保育の基盤の理解と実習への活用』『乳児保育──一人一人を大切に』（萌文書林、共著）、『人間関係』『保育者論』『こども心理辞典』（一藝社、共著）などがある。

冨山大士（とみやま・ふとし）──────●第6章（幼児）・7章

［現　職］　こども教育宝仙大学准教授
［経　歴］　大阪大学大学院理学研究科博士前期課程修了、理学修士（物理学専攻）。企業の研究所において情報工学関係の基礎研究から製品開発までを担当。その後、東京都内の私立保育園において保育士・副園長、秋草学園短期大学准教授を務め、現職。
［著　書］　『保育課程論─保育の基盤の理解と実習への活用』（萌文書林、共著）、『育てたい子どもの姿とこれからの保育』（ぎょうせい、共著）、『指導計画の書き方』（チャイルド社、共著）、『新版　幼児理解』『乳児保育』（一藝社、共著）、『新版　新しい保育原理』『幼稚園・保育所・施設実習』（大学図書出版、共著）、『保育原理』（みらい、共著）などがある。

〈装　　　丁〉	大路浩実
〈レイアウト〉	aica
〈ＤＴＰ制作〉	本薗直美　安藤未保
〈イラスト〉	西田ヒロコ

保育の計画と評価を学ぶ　―保育の基盤の理解と実習への活用―

2019年2月27日　初版第1刷発行

編 著 者	加 藤 敏 子
	岡 田 耕 一
発 行 者	服 部 直 人
発 行 所	㈱萌 文 書 林
	〒113-0021　東京都文京区本駒込6-25-6
	TEL 03-3943-0576　FAX 03-3943-0567
	http://www.houbun.com
	info@houbun.com
印刷・製本	シナノ印刷株式会社

©2019 Toshiko Kato, Kouichi Okada,　　Printed in Japan　　ISBN978-4-89347-329-5 C3037

●落丁・乱丁本は弊社までお送りください。送料弊社負担でお取り替えいたします。
●本書の内容を一部または全部を無断で複写・複製、転記・転載することは、法律で認められた場合を除き、著作者および出版社の権利の侵害となります。本書からの複写・複製、転記・転載をご希望の場合、あらかじめ弊社あてに許諾をお求めください。